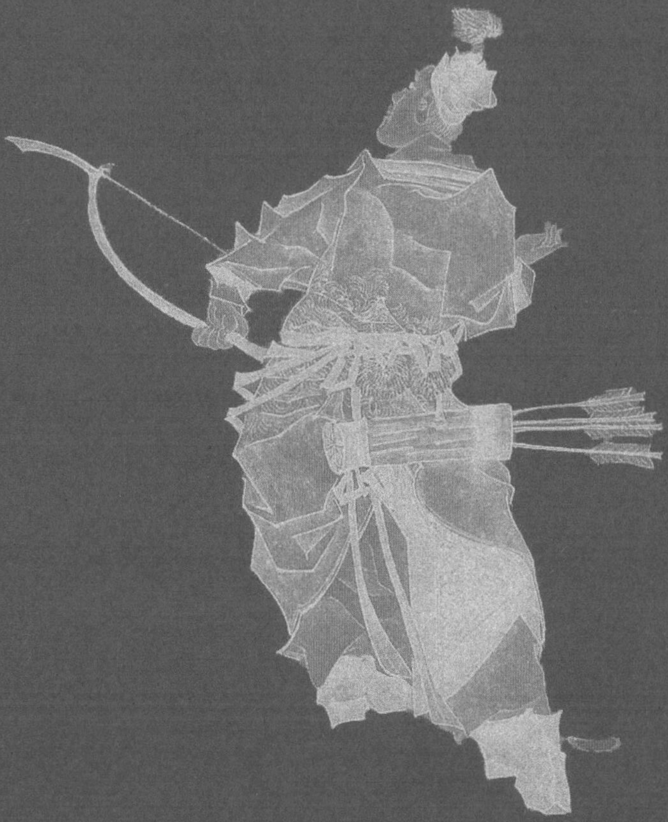

고사성어가 열리는

천자문 나무

팬더 컬렉션 / 엮음

圖書出版 明文堂

머리말

요즈음 우리나라에서는 2천여 년 동안 사용해왔던 한자가 반세기도 채 안 되는 기간에 완전히 외국어가 되어버린 듯한 생각이 든다. 한글 전용정책과 서구학문에 지나치게 경도되어 한학을 공부하는 학문의 맥이 끊어지다시피 한 것이다.

우리말에서 한자어의 비중이 절대적이므로 한자어의 정확한 뜻을 이해하기 위해 한자를 함께 표기하는 건 중요하다. 표준국어대사전에 실린 표제어 약 51만 개 가운데 한자어는 58.5%로 한글 고유어(25.5%)의 두 배가 넘는 것이 현실이다.

이제 중국은 그 옛날 대국의 명성을 다시 찾아가며 마침내는 미국 다음가는 경제대국으로 부상하고 있다.

지금껏 우리나라에서는 공공연히 영어의 공용화 주장까지 나오는 판에 제2의 우리글이기도 하였던 한자를 병행해서 사용하지 못할 이유가 무엇인가? 중국이 세계 최대 경제대국이 되는 것도 시간문제인 지금에 와서 조금만 더 관심을 기울여 공부하면 2천 년을 사용해 왔던 한자를 더욱 친숙하고 쉽게 이해할 수 있지 않을까?

한글은 세종대왕께서 창제한 세계에서도 가장 훌륭한 우리글임은 누구나 다 알고 있다. 한글과 한자는 상호보완적인 관계라 할 수 있다. 한글은 음을 표기하는 데 탁월한 기능을 가지고 있고, 한자는 뜻을 나타내는 데 뛰어난 기능이 있으므로 한글과 한자를 나란히 씀으로써 낱말에 대해 다시 한 번 생각하게 하는 여지를 남기고, 생각하는 습관을 기르게 한다. 따라서 이 둘을 함께 쓰면 금상첨화(錦上添花)일 것이다.

어느 영문학자는, “영어를 무분별하게 사용함으로써 한글문화가 천박해졌다는 소리는 들어보았으나, 한자를 사용해서 한글의 수준이 낮아졌다는 얘기는 들어보지 못했다.” 고 말하고 있다.

그런데 참으로 놀랍게도 한자 또한 고대 우리 민족이었던 동이족(東夷族)이 만들었다는 주장이 제기되고 있다.

중국의 일부 유명 학자들까지도 한자라는 뜻글자를 창제한 민족이 동이족임을 밝히고 있다. 주역의 괘(卦)를 만든 복희씨가 동이족이고, 최초의 한자라고 일컬어지는 갑골문자 또한 동이족이 세운 은(殷)나라의 문자이기 때문이다. 또한 낱글자 속에 담긴 상수리(象數理)의 이치에 의해 동이족이 한자를 만들었음을 밝혔다.

천자문 대서사시(大敍事詩)

《천자문(千字文)》은 흔히 한문을 처음 배우는 사람을 위한 입문서로 알려져 있지만, 그 내용은 단순한 교습서를 넘어 우주와 자연의 섭리, 인간의 도리와 처세의 교훈 등 삼라만상을 함축하여 망라하고 있다.

《천자문》은 중국 남조(南朝) 양(梁)나라 무제 때의 관료인 주흥사(周興嗣, 470?~521)가 글을 짓고 동진(東晉)의 왕희지(王羲之)의 필적 중에서 해당되는 글자를 모아 만들었다고 하며, 사언고시(四言古詩) 250구(句), 합해서 1,000자가 각각 다른 글자로 되어 있다.

황제의 명으로 주흥사가 이 글을 하룻밤 만에 지은 뒤 머리가 하얗게 셌다는 전설과 함께 「백수문(白首文)」이라는 별칭이 있다.

내용은 「천지현황(天地玄黃)」에서 시작하여 「언재호야(焉哉乎也)」로 끝난다. 당나라 이후 급격히 보급되어 많은 서가(書家)에 의하여 써졌으며, 그 중에서도 습자교본으로 가장 유명한 것은, 왕희지의 7대손 지영(智永)이 진서(眞書 : 楷書)와 초서(草書) 두 체로 쓴 《진초천자문(眞草千字文)》 본으로 1109년에 새긴 석각(石刻)이 전하고 있다.

천자문이 한국에 전해진 연대는 확실치 않으나 백제 때 왕인(王仁)이 《논어(論語)》 10권과 함께 이 책 1권을 일본에 전했다는 기록으로 보아 이보다 훨씬 전에 들어온 것으로 추측된다.

우리나라에서 가장 널리 알려진 천자문은 명필 한호(韓濩, 호는 石峯)의 글씨로 1583년 서울에서 간행된 《석봉천자문》이다.

천자문을 배우는 데 있어, 막연히 그냥 외우는 것은 무척 지루할 뿐더러 이해하기도 쉽지 않다. 그래서,

「천자문을 어떻게 하면 재미있고 쉽게 배울 수 있을까?」 하고 생각한 끝에 천자문과 아울러, 교훈 · 경구 · 비유 · 상징어 및 관용구나 속담 등으로 사용되어 일상 언어생활에서의 표현을 풍부하게 해주는 촌철살인의 명언 「고사성어」를 연결해서 공부하면 어떨까 하는 생각에서 《고사성어가 열리는 **천자문 나무**》라는 책을 만들어 보았다.

「천자문 나무」에는 1,000개의 천자문에 가까운 글자 수만큼의 고사성어가 열려 있다. (*글자의 특성상 고사성어가 아닌 단어인 경우도 극히 드물지만 포함되어 있다)

아래 <천자문 나무>는,

「큰길을 걸어가는 사람은 현인이고,
마땅히 생각할 수 있으면 성인이 된다」

경 행 유 현 극 념 작 성
景行維賢 克念作聖

이렇게 4언고시로 된 천자문 한 자 한 자마다 고사성어가 연계되어 있음으로 해서 이 나무 전체를 머릿속에 기억하는 방식으로 「천자문」과 「고사성어」를 함께 기억할 수 있는 일석이조의 공부 방법인 것이다.

목차

31. 資父事君(자부사군) 曰嚴與敬(왈엄여경) : 부모 섬기는 것을 바탕삼아 임금을 섬기니, 이것을 엄숙함과 공경함이라 이른다 / 82

{資父事君(자부사군) / 漁父之利(어부지리) / 事半功倍(사반공배) / 梁上君子(양상군자) / 何必曰利(하필왈리) / 嚴妻侍下(엄처시하) / 生殺與奪(생살여탈) / 敬而遠之(경이원지)}

32. 孝當竭力(효당갈력) 忠則盡命(충즉진명) : 효도는 마땅히 그 힘을 다하여야 하고, 충성은 목숨을 다해야만 한다 / 96

{反哺之孝(반포지효) / 老當益壯(노당익장) / 竭澤而漁(갈택이어) / 群策群力(군책군력) / 忠言逆耳(충언역이) / 聞過則喜(문과즉희) / 一網打盡(일망타진) / 佳人薄命(가인박명)}

33. 臨深履薄(임심이박) 夙興溫凊(숙흥온정) : 깊은 연못을 앞에 두고 있는 듯 살얼음을 밟는 듯이 하고, 일찍 일어나서 따뜻한지 서늘한지를 살핀다 / 114

{臨機應變(임기응변) / 良賈深藏(양고심장) / 倒履相迎(도리상영) / 日薄西山(일박서산) / 夙興溫凊(숙흥온정) / 多難興邦(다난흥방) / 溫故知新(온고지신) / 溫凊定省(온청정성)}

34. 似蘭斯馨(사란사형) 如松之盛(여송지성) : 난초처럼 향기롭고, 소나무와도 같이 무성하다 / 126

{大姦似忠(대간사충) / 芝蘭之交(지란지교) / 斯文亂賊(사문난적) / 似蘭斯馨(사란사형) / 富貴如浮雲(부귀여부운) / 白沙青松(백사청송) / 置之度外(치지도외) / 榮枯盛衰(영고성쇠)}

35. 川流不息(천류불식) 淵澄取映(연징취영) : 냇물은 흘러서 쉬지 않고, 깊은 못의 물은 맑디맑아서 속까지 비쳐 보인다 / 136

{潁川洗耳(영천세이) / 謬種流傳(유종유전) / 不共戴天(불공대천) / 因循姑息(인순고식) / 淵澄取映(연징취영) / 攬轡澄清(남비징청) / 巧取豪奪(교취호탈) / 孫康映雪(손강영설)}

千字文 나무

26. 景行維賢 克念作聖 (경행유현 극념작성) 景行维贤 克念作圣

❶ 先景後事 (선경후사)

❷ 行不由徑 (행불유경)

❸ 進退維谷 (진퇴유곡)

❹ 任賢勿貳 (임현물이)

❺ 以柔克剛 (이유극강)

❻ 不念舊惡 (불념구악)

❼ 述而不作 (술이부작)

❽ 絶聖棄智 (절성기지)

풀이

❶ 先景後事(선경후사) 先景后事 먼저 **先** 경치 **景** 뒤 **後** 일 **事**

「먼저 경치를 묘사하고 나중에 일을 묘사한다」라는 뜻으로, 한시를 창작할 때 쓰이는 시상의 전개 방식 중 하나다. 즉 앞부분에서는 먼저 서경(敍景)을 중심으로 자연과 사물을 묘사하는 데 주력하고 뒷부분에서 시인 자신의 감정이나 생각을 표출한다는 말이다. 이것은 시경육의(詩經六義) 중 흥(興)에 해당한다고 할 수 있다.

두 보

동양의 문학 전통은 작품의 첫머리부터 작가 자신이 제시하고자 하는 주제를 먼저 내세우는 태도를 달갑게 여기지 않았다. 차츰차츰 독자의 정서와 감각을 자극하여 마침내 주제를 인지하도록 하는 것이 훌륭한 문학이고 문인이 지녀야 할 태도라고 본 것이다.

이것이 바로 풍자(諷刺)의 정신이기도 하다. 그렇기 때문에 대개의 한시는 몇몇 예외를 제외한다면 하나같이 서경적 묘사가 앞서고 뒤이어 작가의 감정이 서술되는 형식을 갖췄던 것이다. 두보의 시 절구(絶句)를 예로 들어보자.

강물 푸르니 새는 더욱 희고 江碧鳥逾白 강벽조유백
산 푸르니 꽃은 불타는 듯하구나 山青花欲然 산청화욕연

올봄도 보는 가운데 또 지나가니　今春看又過　금춘간우과
어느 해에나 고향에 돌아갈고　何日是歸年　하일시귀년

전반부의 2구에서는 시인이 바라본 봄의 경관을 읊고, 후반부의 2구에서는 그러한 경관을 바라보면서 고향에 돌아가고 싶지만 돌아갈 날을 기약할 수 없는 애절한 마음을 토로한 것이다. 이와 같은 시상의 전개방식은 한시에서 시작되어 현대시에까지 이어지고 있다. 전형적인 선경후사의 방식이다. 그러나 「선경후사」는 무작정 서경(敍景)과 술회가 이어진다고 완결되는 것은 아니다.

서경 부분에 나오는 강이나 산은 즐겨 등장하는 관념적인 상징이다. 때문에 서경이지만, 그 가운데 새와 꽃을 등장시킴으로써 다음에 이어질 술회의 시상을 준비하는 장치로서 기능을 다하는 것이다. 새와 꽃이 매개체가 되어 이 작품은 단조로운 감상을 엮은 작품 이상의 의미와 함축이 담긴 작품으로 자리 잡게 되었다.

❷ 行不由徑 (행불유경)

行不由徑 다닐 **行** 아니 **不** 말미암을 **由** 지름길 **徑**

행동을 공명정대하게 함.

「행불유경」은 길을 가는데 지름길로 가지 않는다는 말이다. 지름길은 거리로는 가깝지만 여러 가지 문제가 따를 수 있는 올바르지 못한 길이다.

경(徑)은 작은 길, 지름길, 샛길, 뒷길을 뜻하는 글자다. 떳떳한 사람은 남에게 부끄러워할 일이 없으니 얼굴을 들고 당당한 자세로 천하의 공로(公路)를 걸어간다. 이 세상을 깨끗하게 살아가는 사람은 구태여 샛

길이나 뒷골목 따위를 숨어서 다니지 않으며, 더욱이 길 아닌 길을 걷지 않는다. 우리가 흔히 말하는 「군자 대로행(君子大路行)」과 같은 말이다.

자 유

우리가 무슨 일을 할 때도 정당한 방법을 쓰지 않고 우선 급한 대로 임시 편법을 쓰게 되면 항상 뒷말이 따르기 마련이다. 설사 그런 일이 없다 하더라도 그것은 정당한 일이 될 수 없다.

곡예사 같은 수완가를 세상에서는 박수갈채로 환영하는 버릇이 있다. 열 번 쾌감을 맛본다 해도 한 번 실수하면 그만 끝장인 것이다. 교통사고의 거의가 이 「행불유경」을 지키지 못한 때문이다. 모든 범법행위도 이 「행불유경」의 교훈을 지키지 않기 때문이다.

이 말은 《논어》 옹야편(雍也篇)에 있는 자유(子游)의 말이다.

자유가 무성(武城) 고을 장관이 되었을 때, 공자는 무성으로 가서 자유를 보고,

「네가 훌륭한 일꾼을 얻었느냐?」하고 물었다.

그러자 자유는,

「담대멸명(譚臺滅明)이란 사람이 있는데, 다닐 때 지름길로 가지 않고(行不由徑), 공사가 아니면 일찍이 제 방에 들어온 일이 없습니다」하고 대답했다.

지름길로 가지 않는 그는 공적인 사무가 아니면 장관의 방에도 가지 않았다. 그것은 그가 얼마나 자기 맡은 일에 충실했는지를 말해 주고

담대멸명

있는 것이다.

사사로운 청을 하거나 남이 알지 못하는 비밀을 속삭일 필요가 없는 그였기 때문이다. 이 두 가지 일로 보아 그가 훌륭하다고 말한 자유도 그가 하는 일이 공명정대했기 때문이다.

공자는 담대멸명을 제자로 삼았다. 그는 공자의 제자 가운데 얼굴이 가장 못생긴 사람이었다. 얼굴을 보고 사람을 택할 수 없다는 것을 공자는 담대멸명을 예로 들어 말한 일이 있다.

❸ 進退維谷(진퇴유곡) 进退维谷 나아갈 **進** 물러날 **退** 바 **維** 골 **谷**

「앞으로도 뒤로도 나아가거나 물러서지 못하다」라는 뜻으로, 궁지에 빠진 상태. 谷은 궁(窮)과 같은 뜻으로 쓰인다.

《시경(詩經)》 대아(大雅) 「상유(桑柔)」에 있는 말이다.

왕을 풍자한 「상유(桑柔)」라는 시에서 유래하는데, 서주(西周) 말의 폭군 여왕(厲王)을 예백(芮伯)이 공격한 내용이라고도 하나 정확하지는 않다. 모두 16장으로 이루어진 긴 시인데, 인용된 부분은 아홉 번째 장이다.

저기 숲속을 바라보면

사슴도 무리지어 뛰놀고 있거늘
군신들 서로 믿지 않아
모두들 사이가 좋지 않네
어지러운 세상에 사람들 하는 말
나아가도 골짜기 물러나도 골짜기라네.

瞻彼中林 甡甡其鹿　첨피중림 신신기록
朋友已譖 不胥以穀　붕우이참 불서아곡
人亦有言 進退維谷　인역유언 진퇴유곡

「진퇴양난(進退兩難)」과 비슷한 말이다.

❹ 任賢勿貳 (임현물이) 任贤勿贰　맡길 任 어질 賢 말 勿 두 貳

「어진 사람에게 일을 맡김에 두 마음을 갖지 말라」는 뜻으로, 한 번 맡긴 이상 끝까지 믿어주라는 말이다. 「물이(勿貳)」는 도중에 변경하지 말라는 뜻이다.

《서경》 대우모(大虞謨)에 있는 이야기다. 익(益)은 우(虞)임금이 자기 뒤를 이어 천자가 되기를 기대했을 정도로 위대한 인물이었다. 그 익이 말하기를,

「……어진 이를 맡긴 다음 두 생각을 말고(任賢勿貳), 간사한 사람을 버리기를 주저하지 말며(去邪勿疑), 의심스런 꾀는 이루지 말라(疑謀勿成)」고 했다.

그러나 실상 문제는 지혜와 과단성에 있는 것이다. 그가 참으로 어진

줄을 안다면 도중에 누가 말한다고 해서 다른 생각을 할 리가 없다. 어진 사람으로 알고 있었던 것이 어질지 않을지도 모른다는 생각 때문에 잡음에 귀를 기울이게 되는 것이다.

제환공과 관중

춘추시대에 오패(五覇)로 첫손 꼽히는 제환공(齊桓公)과 관중(管中)과의 대화에도 같은 내용의 말이 나온다. 환공이 관중을 보고 물었다.

「과인은 불행하게도 사냥을 좋아하고 또 여자를 좋아하는데, 패(覇)에 해가 되지 않을지?」

「해될 것이 없습니다」

「그러면 무엇이 패(覇)에 해로운 것인가?」

그러자 관중은 이렇게 대답했다.

「어진 사람을 쓰지 않는 것이 패(覇)를 해치게 됩니다. 즉 어진 줄을 알고도 쓰지 않으면 패를 해치고, 쓰면서도 완전히 맡기지 않으면 패를 해치고, 맡겨 놓고 다시 소인으로 간섭하게 하면 패를 해칩니다」

맡겨놓고 다시 소인들이 그가 하는 일을 간섭하지 못하게 하는 것이 곧 「임현물이」인 것이다. 제환공은 관중의 이 말에 깊은 감명을 받고 또 관중의 마음을 속까지 다 알고 있었기에 관중으로 하여금 임금의 권한을 대행하도록 만들었다. 마치 내각책임제의 대통령 같은 위치를 스스로 택한 것이다. 물론 관중이 그렇게 하지는 않았지만 그만큼 관중을 완전히 믿었던 것이 다. 그 뒤로 심복인 좌우 시신들이 관중에게 지나친 권한을 준 것에 대해 잡음들을 가끔 넣었지만, 그럴 때마다 환공은,

관중기념관 앞의 관중 조상(彫像)

「너희들은 아직 작은 사람들이라 관중에 대한 것을 잘 모른다」 하고 말을 계속하지 못하게 했다. 그 결과 약한 제나라를 강대국으로 만들고 천하를 호령하여 나라끼리 침략전쟁을 못하도록 하는 한편, 이민족들로 하여금 감히 중국을 넘보지 못하게 하는 태평시대를 이룩했던 것이다.

❺ 以柔克剛 (이유극강)

以柔克剛　써 **以** 부드러울 **柔** 이길 **克** 굳셀 **剛**

부드러운 것으로 강한 것을 이긴다는 말이다. 달이 차면 지듯이, 「만물은 성(盛)하면 반드시 쇠(衰)하기 마련이고(物極必反), 세력이 강성하면 반드시 약해지기 마련이다(勢强必弱)」 하는 것이 불변의 자연법칙이다. 노자는 유약(柔弱)이 강강(剛强)을 이기는 이치로써 천하를 허정(虛靜)으로 돌리고자 했다.

《노자》 미명편(微明篇)에 있는 말이다.

「유약이 반드시 억세고 강한 것을 이긴다. 물고기가 깊은 못에서 벗어날 수 없듯, 나라를 잘 다스릴 수 있는 심오한 도리를 함부로 사람에게

노자 수경도(受經圖, 清 화가 임백년)

내보여서는 안 된다(柔弱勝剛强 魚不可脫於淵 國之利器不可以示人)」

또 편용편(偏用篇)과 임신편(任信篇)에서도, 「천하에서 가장 유약한 것, 즉, 물은 천하에서 가장 견고한 것, 즉 금석도 마음대로 부릴 수 있다. 무형의 물은 틈이 없는 것, 즉 유형의 금석 속에 파고 들어갈 수 있다. 그런고로 나는 무위의 도를 따르는 것이 가장 유익함을 알 수 있다(天下之至柔 馳騁天下之至堅 無有入無間 吾是以知無爲之有益). 말없는 교화와, 무위의 유익에 있어서는, 천하의 아무것도 물을 따라갈 것이 없다(不言之教 無爲之益 天下希及之). 천하에서 물보다 더 유약한 것은 없다. 그러나 굳고 센 것을 꺾는 데는 물보다 더 뛰어난 것이 없다. 아무것도 물의 본성을 바꿀 수가 없기 때문이다(天下莫柔弱於水 而攻堅强者莫之能勝 以基無以易之). 약한 것이 강한 것을 이기고, 부드러운 것이 억센 것을 이긴다. 천하에 모르는 사람이 없지만, 실천할 줄 모른다(弱之勝强 柔之勝剛 天下莫不知 莫能行)」고 하였다.

만물은 강하면 생기를 잃고, 약하면 충만하게 된다. 노자는 유약의 대표적인 것을 물이라 하였다. 상선약수(上善若水), 즉 물은 지고의 선이다. 도(道)는 이 물과 같다. 이처럼 약자가 강자를 이기고 부드러움이 강한 것을 이기는 사실을 모르는 사람이 없지만, 막상 이것을 실행에 옮기지 못하는 것을 노자는 안타깝게 생각하였다.

물고기가 물을 떠나 살 수 없듯, 사람은 도를 떠나서 영생할 수가 없고, 천하를 다스리는 사람도 도를 지키지 않고는 안락과 평등과 태평을 누릴 수 없다. 그러므로 도는 무위자연(無爲自然)이라 했다.

따라서 위정자도 경솔하게 도를 내보이는 일 없이 염담(恬淡)하게 무위의 치를 펴야 한다. 이것이 노자의 본뜻이었다.

❻ 不念舊惡 (불념구악) 不念旧恶 아니 **不** 생각할 **念** 예 **舊** 악할 **惡**

지나간 잘못을 염두에 두지 않는다는 것이 「불념구악」이다. 지나간 일을 탓하지 않는 것을 「기왕불구(旣往不咎)」라고 한다. 이 말과 약간 일맥상통하는 점이 있기는 하나 뜻은 다르다.

백이 숙제가 지나치게 결백한 나머지 불의로 천하를 얻은 주나라의 곡식마저 먹을 수 없다 하여 수양산에 들어가 고사리를 캐먹다가 굶주려 죽었다는 이야기는 너무나 유명하다. 그 백이에 대해 맹자가 이런 구체적인 사례를 들고 있다. 즉 《맹자》 공손추 상에서 맹자는 이렇게 말하고 있다.

「백이는 그 임금이 아니면 섬기지 않고, 그 벗이 아니면 사귀지 않았으며, 악한 사람의 조정에 서지도 않고, 악한 사람과는 함께 말도 하지 않았다. 악한 사람의 조정에 서거나, 악한 사람과 함께 말하는 것은, 마치 예복을 입고 예모를 쓴 채 시궁창이나 숯검정 위에 앉는 것과 다

백이숙제 채미도(采薇圖, 北宋 이당)

를 바 없이 여겼다. 이러한 악한 것을 미워하는 마음을 확대시켜 시골 사람들과 같이 섰을 때, 그 사람의 갓이 비뚤어졌으면 뒤도 돌아보지 않고 가버렸다. 마치 더러운 것이라도 묻은 것처럼 생각했다. 그러니 제후들 중에 좋은 말로 그를 모시러 오는 사람이 있어도 백이는 이를 모두 거절했다」

이것으로 보아, 백이가 얼마나 결백하고 남을 포용하는 마음이 좁았는가 하는지를 알 수 있다. 그러나 맹자는 그를 성인이라고 했다. 다만 성인 가운데 깨끗한 사람(清者)이라고 했다. 그런데 그 백이에게도 반대의 일면이 있었던 것이다. 그것이 바로 여기에 나오는 「불념구악」이다.

《논어》 공야장편에서 공자는 이렇게 말하고 있다.

「백이와 숙제는 옛 악을 생각지 않았다. 그래서 원망이 적었다(伯夷叔齊 不念舊惡 怨是用希)」

그토록 결백하고 까다로운 백이와 숙제도 지나간 날의 잘못을 염두에 두지 않았기 때문에 사람들은 그의 지나친 결백을 그다지 원망스럽게 생각지 않았다는 뜻이다.

어제 아무리 보기 흉한 짓을 한 사람이라도 오늘 좋은 모습으로 나타나면 반갑게 맞아주는 백이 숙제였기 때문에 사람들은 그들을 어려워는 했을망정 미워할 이유는 없었던 것이다.

「기왕불구」가 의식적인 노력에서 나오는 아량이라면, 이 「불념구악」은 그야말로 「명경지수(明鏡止水)」와 같은 성자의 초연한 심정에서일 것이다.

지나간 일을 놓고 콩이야 팥이야 따지는 태도도 삼가야겠지만, 한번 밉게 본 사람을 언제나 같은 눈으로 대하는 것은 더욱 삼가야 할 일이다.

❼ 述而不作 (술이부작)

述而不作 말할 **述** 어조사 **而** 아니 **不** 지을 **作**

선인의 업적을 이어 이를 설명하고 서술할 뿐 아무것도 지어내지 않음.

술(述)은 저술이란 뜻이고, 작(作)은 창작이란 뜻이다. 저술은 예부터 내려오는 사상과 문화를 바탕으로 이것을 다시 정리하거나 서술하는 것을 말하고, 창작은 지금까지 일찍이 없었던 새로운 사상과 학설을 처음으로 만들어내는 것을 말한다.

씨족제 봉건사회의 한 사람이었던 공자는 「태초에 길(道)이 있고, 길은 하늘과 더불어 있었다」라고 생각하였다. 따라서 공자는 만약 태초에 있었던 「길」을 그대로 현실사회에 부활할 수가 있다면 이 세상은 바로 「황금시대」가 된다고 확신하여 이「길」의 모습을 알고자 하는 데 전심하였던 것이다. 태초의 일이었기 때문에 「길」은 당연히 옛날에서 찾지 않으면 안 된다.

《논어》 술이편(述而篇)에,

「공자가 말하기를, 나는 태어나면서부터 이것을 알고 있는 것은 아니다. 옛 것을 좋아하여 열심히 구하였던 것이다」 라는 말이 그간의 소식을 말해 준다고 할 수 있을 것이다. 또 위정편에,

「공자가 말하기를, 옛 것을 배우고 거기에서 새로운 가치를 발견하는(溫故知新) 사람 같으면 선생으로 섬겨도 좋다」 라고 있어, 공자가 여하히 태초에 있던 「길」 을 중심으로 추구하였던가 하는 것이 상상된다.

공 자

공자는 이 성과를 제자들에게 강술하였을 뿐 아니라, 《시경》 이나 《서경》 을 오늘의 형태로 정리하고 《춘추(春秋)》 를 편찬하였으며, 「예(禮)」 나 「악(樂)」 을 제정하여 후세에 전했다고 되어 있지만, 태초에 있었을 「길」 을 있는 그대로 현실사회에 실현하는 것이 목적이었기 때문에 거기에는 공자 자신의 개인적인 자의(恣意)는 가해지지 않았다. 공자는 어떤 경우일지라도 오직 자기 자신이 「일찍이 실재하였다」 라고 믿었던 그대로를 조술(祖述)하고 있는 것이다.

《논어》 술이편 첫머리에서, 「공자는 말하기를, 전해 말하고 새것을 만들지 않으며, 믿어 옛것을 좋아하는 것을 가만히 우리 노팽(老彭)에게 비교해 본다」 고 했다.

여기 나오는 노팽이란 사람은 은(殷)나라의 어진 대신이라고 하는데, 「술이부작」이란 말 자체도 어디까지나 자신을 겸손하게 낮추어서 한 말이었는데, 그것을 다시 노팽이란 사람에게 비교해 본다는 것은 남을 배운다는 똑같은 겸손한 태도에서 나온 말이다.

그리스도교의 성경 《마태복음》 제5장에 나오는 예수의 말 가운데, 「내가 율법이나 선지자를 폐하러 온 줄로 생각지 말라. 폐하러 온 것이 아니요 완전케 하려 함이로다」 한 것도 공자의 이 말과 일맥상통하는 점이 있는 것 같다.

사실상 공자가 이 같은 말을 한 것은 창작을 부정하려는 뜻에서가 아니다. 옛것을 제대로 음미도 못한 채, 옛것의 테두리를 벗어나지도 못한 것을 마치 자기가 새로 창안해 낸 것 같은 착각에 빠져 있는 그런 젊은 후배들을 깨우쳐 주기 위해 한 말일 것이다.

「온고지신(溫故知新)」이란 공자의 말만 보더라도 알 수 있다. 옛것을 완전히 내 것을 만듦으로써 새로운 것을 알게 되는 것이 「온고지신」인 것이다. 거기까지 미치지 않은 사람은 남의 스승이 될 수 없다고 공자는 덧붙여 말하고 있는 것이다.

참다운 창작은 억지로 되는 것이 아니다. 옛것과 남의 것을 거름으로 해서 자연히 피어난 꽃과 맺어진 열매가 창작인 것이다.

❽ 絶聖棄智 (절성기지) 絶圣弃智 끊을 絶 성스러울 聖 버릴 棄 슬기 智

「성스러우니 지혜로우니 하는 것들을 완전히 끊어버린다」는 뜻으로, 소박한 그대로를 두어 사사로운 욕심을 나지 않게 하라는 말이다.

《노자》 19장에 있는 말이다.

「성(聖)을 끊고 지(智)를 버리면 백성의 이익이 백 배가 되고, 인을 끊고 의를 버리면 백성이 효도하고 사랑하는 것에로 돌아오며, 교(巧)를 끊고 이(利)를 버리면 도적이 있는 일이 없다. 이 세 가지는 그리 넉넉지 못한 것이 된다. 그러므로 붙인 바를 잇게 한다. 소(素)를 나타내고, 박(朴)을 안아, 사(私)를 적게 하고 욕(欲)을 적게 하는 것이다. 이것을 쉽게 풀면 다음과 같은 뜻이 된다.

노 자

「성스러우니 지혜로우니 하는 것들을 다 없애버리면 백성들은 명예니 공로니 하는 것을 다투지 않기 때문에 백 배나 더 이를 얻게 된다. 어질다든지 의롭다든지 하는 것을 다 없애버리면 백성들은 양심을 속이는 일이 없기 때문에 참다운 효도와 사랑을 할 수 있게 된다. 또 자연을 해치는 교묘한 것이라든가, 보다 편리한 물건을 만드는 일이 없으면 백성들은 배를 채우고 추위를 막는 것 외에 욕심을 부릴 것이 없게 되므로 자연 도둑이란 것이 있을 수 없다. 그러나 위에 말한 『성지』 니, 『인의』 니, 『교리』 니 하는 것들은 그것만으로는 설명이 부족하다. 그래서 다시 덧붙여 설명을 하거니와 결국 소박한 그대로 두어 사사로운 욕심을 나지 않게 하는 것이다」

다시 말해서, 「절성기지」는 「소사과욕(小私寡欲)」을 뜻하고,

「소사과욕」은 곧 「무위자연(無爲自然)」으로 돌아가는 것이다.

이 「절성기지」의 사상을 그대로 받은 것이 《장자》 거협편이다. 거협편에 장자는 말하기를,

「……저 성(聖)이니 지(智)니 하는 것은 천하의 날카로운 무기다. ……그러므로 성을 끊고 지를 버리면 큰 도적이 이에 그치고, 옥을 던지고 구슬을 깨어버리면 작은 도둑이 일어나지 않는다……」라고 했다.

장 자

과학 만능이 가져온 물질공해와 지식 만능이 빚어낸 정신공해에 시달리고 있는 우리들로서는 노자와 장자의 말을 곱씹어 보아야 할 것이다.

27. 德建名立 形端表正 (덕건명립 형단표정) 德建名立 形端表正

❶ 報怨以德 (보원이덕)

❷ 建安七子 (건안칠자)

❸ 功名垂竹帛 (공명수죽백)

❹ 安心立命 (안심입명)

❺ 得意忘形 (득의망형)

❻ 首鼠兩端 (수서양단)

❼ 形端表正 (형단표정)

❽ 矯枉過正 (교왕과정)

풀이

❶ 報怨以德 (보원이덕) 报怨以德 갚을 **報** 원망할 **怨** 써 **以** 덕 **德**

원한을 은덕으로 갚는다.

「보원이덕」은 설명이 필요 없는 말이다. 그리스도의 「오른쪽 빰을 때리거든 왼쪽 빰도 내놓으라」 하는 교훈 역시 이 말처럼 원한에 대해 대처해야 할 인간의 태도를 말한 것이라고 생각되지만, 노자(老子) 쪽이 상대에게 덕을 베풀라고 말한 점에서 보다 적극적이다. 또 그리스도의 경우는 인인애(隣人愛)에 대한 비장한 헌신을 느끼는 데 반해 노자의 경우는 그 무언지 흐뭇한 느낌이 든다.

그리스도는 맞아도 채여도 십자가에 매달려도 상대를 미워하지 않고 상대가 하는 대로 내버려두며 죽어간다는 비장한 상태를 상기시켜 주지만, 노자는 집안에 침입한 도둑에게 술대접을 하는 부잣집 영감을 상상케 한다.

《노자》 63장에, 「무위하고, 무사를 일삼고, 무미를 맛본다. 소(小)를 대(大)로 하고, 적음을 많다고 한다. 원한을 갚는 데 덕으로써 한다(爲無爲 事無事 味無味 大小多少 報怨以德)」라고 되어 있다.

「무미」란 「무위」나 무(無)를 상징적으로 표현한 말이다. 「무위」도 「무(無)」도 최고의 덕이다. 「도(道)」의 상태나 속성을 나타낸 말로 동이어(同異語)라고 생각해도 좋다.

「도(道)」나 「무(無)」는 무한한 맛을 가지고 있을 것이다. 그렇지 않으면 「도」라고 할 수가 없고 「무」라고도 할 수 없을 것이다. 위스키 맛이나 불고기 맛 같은 것은 아무리 미묘하고 복잡한 맛을 지녔다고 해

노자기우도(老子騎牛圖)

도, 위스키 이상이 아니고 불고기 이상도 아니다. 단지 한정되어 있는 맛인 것이다.

「소(小)를 대(大)로 하고, 소(少)를 다(多)로 한다」란 노자 일류의 역설적인 표현이다. 「남(他)을 다(多)로 하고 자기(自)를 소(少)로 해서 남을 살피고 남에게서 빼앗으려는 마음을 버리라」라는 뜻일 것이다. 원래 노자 류로 말한다면 대니 소니 하는 판단은 절대적인 입장에 설 수가 없는 것이다. 인간의 판단은 상대적인 것으로, 물(物)에는 소도 대도 없다는 것이 노자의 생각이다. 그러므로 남(他)을 다(多)로 하는 생각은 어리석은 생각이라고 할 수 있다. 이 항을 알기 쉽게 말하면, 「자진해서 무엇을 하려고 하지 말고, 남과 다투지 말고, 남에게서 빼앗지 말고, 무한한 맛을 알고, 자기에게 싸움을 걸고, 자기에게서 빼앗으려고 하는 자에게는 은애(恩愛)를 베풀라」는 처세상의 교훈이다.

노자의 말, 특히 처세에 관한 말은 그 대개가 위정자에게 말하고 있다. 이 말도 그렇다. 그리하여 이것을 실행한 인간은 최고의 위정자이고, 성인이다. 성인이란 이상적인 대군주다. 그래서 은애를 베푸는 상대는 국민이나 또는 정복한 타국의 왕이다. 그리스도교의 「오른쪽 뺨을 맞거든 왼쪽 뺨도 내놓으라」는 것 역시 피치자(被治者)에게 하는 말이 아닌가 본다.

❷ 建安七子 (건안칠자)

建安七子 세울 **建** 편안할 **安** 일곱 **七** 아들 **子**

건안은 후한의 마지막 임금인 헌제(獻帝) 때의 연호이다.

건안칠자(明 화가 王問)

건안시대에 뛰어난 활약을 했던 일곱 사람의 문학가를 일컫는다. 중국 후한 말기, 헌제(獻帝) 건안 연간(196~220)에 위(魏)의 무제(武帝) 조조(曹操) 부자를 중심으로 모인 문학 동호인들이다. 조비(曹丕)의 《전론(典論)》에 의하면, 노국(魯國)의 공융(孔融), 광릉(廣陵)의 진림(陳琳), 산양(山陽)의 왕찬(王粲), 북해의 서간(徐幹), 진류(陳留)의 완우(阮瑀), 여남(汝南)의 응창(應瑒), 동평(東平)의 유정(劉楨) 등 7명이다.

이들은 조조가 권력을 잡은 업(鄴 : 하남성)에 모여, 조비·조식(曹植) 형제와 더불어 중국에서 가장 일찍 자각적인 문학 집단을 형성하였다. 종래의 부(賦) 대신 시(詩), 특히 오언시(五言詩)를 문학의 주류로 삼아, 뒤의 중국문학의 선구를 이룬 점, 민요라 할 수 있는 악부체(樂府體)의 시를 지식인의 서정시로 완성한 점, 종래의 유가적(儒家的) 취향을 벗어나 시문학에 강렬한 개성과 청신한 격조를 부여한 점 등은 그 성과이며 특징으로 꼽힌다. 7인 중에서 가장 뛰어난 사람은 왕찬과 유정이며, 진림과 서간이 다음을 이었다.

③ 功名垂竹帛 공명수죽백

功名垂竹帛 공 **功** 이름 **名** 드리울 **垂** 대나무 **竹** 비단 **帛**

이름을 천추에 전함(名傳千秋).

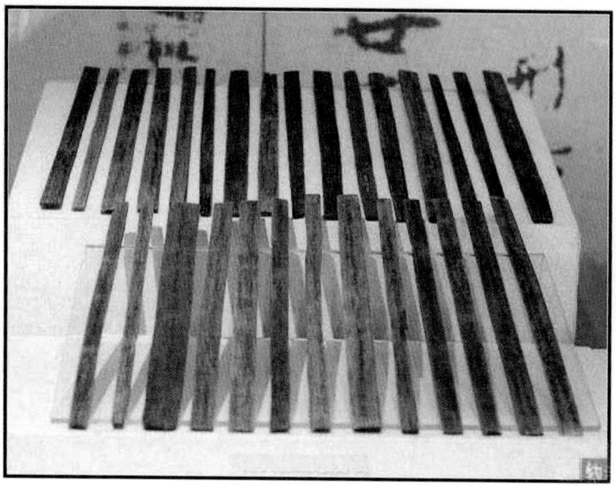

죽 백

「죽백(竹帛)」은 대나무와 비단이란 뜻이지만, 옛날에는 기록을 대나무쪽이나 비단 폭에 해두었기 때문에 그것은 곧 기록이란 말이 된다. 그러므로 공명을 죽백에 드리운다는 말은 공을 세워 이름을 역사에 남긴다는 뜻이다.

《후한서》 등우전에 있는 이야기다.

등우(鄧禹)는 후한 광무제(光武帝, 25～57)를 섬긴 어진 신하로서 그는 광무제가 후한 왕조를 다시 세우는 데 크게 이바지한 공신이었다. 등우는 소년시절 장안으로 가서 공부를 했는데, 그 때 유수(劉秀 : 뒤의 광무)도 장안에 와서 공부하고 있었다.

등우는 아직 나이가 어려서 사람들과 상종하는 일도 별로 없었지만, 유수를 만나자 그가 비범한 사람이란 것을 알고 친교를 청했다. 이리하여 서로 다정하게 지내던 두 사람은 몇 년 후 각자 자기 고향으로 돌아갔다.

새로 신(新)이란 나라를 세운 왕망(王莽, BC 45～A.D. 23)의 폭정에 견디다 못한 백성들은 도처에서 반기를 들고 한나라 왕실을 다시 일으키려는 호걸들 밑으로 모여들었다. 이리하여 한나라 왕실의 후예로 반란군

대장에 추대된 유현(劉玄)이 왕망을 쳐서 죽이고, 갱시장군(更始將軍)에서 다시 황제로 추대되어 장안에 도읍을 정했다.

이 유현이 바로 갱시제(更始帝)였는데, 이때 많은 호걸들은 등우를 갱시제에게 천거했다. 그러나 등우는 끝내 사양하고 갱시제를 섬기지 않았다. 등우는 갱시제를 하찮은 인물로 보았기 때문이다.

등 우

그러나 그동안 유수가 황하(黃河) 이북 땅을 평정하러 떠났다는 말이 들려오자, 등우는 즉시 북으로 황하를 건너가 업(業)이란 곳에서 유수를 만났다. 유수는 뜻하지 않게 다시 만난 그를 몹시 반갑게는 대했지만, 속으로는 벼슬을 부탁하러 왔으려니 했다. 그러나 며칠이 지나도 그런 눈치가 전연 보이지 않았으므로, 유수는 등우에게 멀리 여기까지 자기를 만나러 온 까닭을 조용히 물었다. 등우는 분명히 말했다.

「다만 명공의 위덕이 사해에 더해지기를 바랄 뿐입니다. 나는 미력이나마 바쳐 공명을 죽백에 드리울 뿐입니다(但願明公威德加於四海 禹得效其尺寸 垂功名於竹帛矣)」

이 말을 듣자, 유수는 마음속으로 회심의 미소를 지었다. 그리고는 등우를 군영에 머무르게 하고 등장군이란 칭호를 주었다. 이때부터 두 사람의 뜻을 합친 새로운 경영이 시작된 것이다.

그 뒤 두 사람은 왕낭(王郎)의 군사를 토벌하기 시작, 먼저 낙양을 함

락시켰다. 이 때 유수는 지도를 펴 놓고 등우에게 보이며,

「천하에는 이렇게 많은 고을과 나라들이 있는데, 이제 나는 겨우 그 하나를 손에 넣었을 뿐이오」 하고 탄식을 했다. 그러자 등우는,

광무제

「지금 천하가 어지러워 사람들의 고생이 극도에 달한지라, 마치 어린아이가 사랑하는 어머니를 그리워하듯 명군(明君)의 출현을 바라고 있습니다. 예부터 천하를 손에 넣는 데는 덕(德)의 후박(厚薄)이 중요하지 영토의 크고 작음은 문제가 아니었습니다」

유수는 이 말에 크게 감동을 받았다. 등우는 언제나 옆에서 유수를 이렇게 격려했다. 또 많은 인재들을 추천했는데, 그가 사람을 보는 눈은 조금도 틀리는 데가 없었다. 그 뒤 오래지 않아 유수는 광무제로서 천자의 위에 올랐는데, 거기에는 등우의 힘이 컸다. 그의 말대로 광무제의 위덕은 사해에 널리 퍼지고, 등우의 공명은 죽백에 드리워졌다.

❹ 安心立命(안심입명) 安心立命 편안할 **安** 마음 **心** 설 **立** 목숨 **命**

모든 의혹과 번뇌를 버려 마음이 안정되고 하늘의 뜻에 맡김. 모든

일에 최선을 다한 후 그 결과는 운명에 맡긴다는 뜻이다. 천명(天命)을 깨닫고 생사・이해를 초월하여 마음의 평안을 얻음. 또한 생사의 도리를 깨달아 내세(來世)의 안심(安心)을 꾀함을 이르는 말.

선원(禪院)에서 자신의 불성(佛性)을 깨닫고 죽음을 초월함으로써 마음의 편안함을 얻는 것을 이르는 말이다.

사람들의 마음이 불안한 것은 분별심(分別心) 때문이다. 분별심은 실체가 없다. 실체가 없는 사실에 얽매여 집착을 하다 보니 마음이 항상 불안한 것이다. 그래서 「마땅히 머무는 바 없이 마음이 난다(應無所住以生其心)」라고 《금강경》은 말하고 있다. 그 어디에도 집착 없는 마음으로 살아가라는 것이다. 집착이 바로 불안과 고통의 뿌리이기 때문이다.

유일・절대의 최고신을 내세우지 않는 불교나 유교, 또는 그리스 로마의 사상가들이 궁극의 경지를 추구한 결과, 아무것에 의해서도 흐트러지지 않는 완전히 평정(平靜)한 편안함에 달한 마음의 상태.

안심(安心)은 불교용어이고, 입명(立命)은 《맹자》 진심장(盡心章)에서 온 말인데, 후세에 선종(禪宗)에서 이 말을 받아들여 선(禪) 수행을 통하여 견성(見性)의 경지에 다다른 것을 가리키는 말로 쓰고 있다. 그리스어로는 아파테이아(apatheia)라 하고, 불교에서는 니르바나(Nirvana, 열반 涅槃)라고 한다.

❺ 得意忘形 (득의망형)

得意忘形 얻을 **得** 뜻 **意** 잊을 **忘** 형체 **形**

득의양양(得意揚揚)해 하다. 「뜻을 얻어 자신의 형체마저 잊어버리다」라는 뜻으로, 득의양양해 우쭐거리면서 뽐내는 모양을 비유하기도 한다. 《진서》 완적전에 있는 이야기다.

위(魏)나라와 진(晉)나라 왕조의 교체기에 활동한 시인 완적(阮籍)은 진 왕조 지배층에 대해 불만이 적지 않았던 사람이다. 그러나 그는 감히 말로는 표현하지 못하고 자신의 울적한 심정을 매일 술을 마시고 시를 쓰는 것으로 달랠 뿐이었다.

삼국시대 말기 위(魏)나라의 사마(司馬)씨와 조(曹)씨가 왕권을 다투던 시절, 완적은 조씨에 의지하여 관록(官祿)을 얻으려 하였다.

완 적

그러나 조씨들이 실패하자, 완적은 점차 현실에 불만을 품으며, 유가(儒家)의 도리(道理)로써 사마씨의 집권에 대하여 비난하기 시작했다.

현실에 대한 완적의 불만은 행동으로 표출되는데, 당시 많은 사람들이 완적의 행동을 이해하지 못하였다. 어떤 때, 완적은 몇 달 동안이고 집에만 틀어박혀 책만 읽었으며, 심지어는 대문 밖으로 한 발짝도 나오지 않았다. 또 어떤 때는 멀리 놀러 나갔다가 며칠이고 집에 돌아오지 않았다.

완적에게는 친근한 벗이 많았는데 혜강(嵇康) · 산도(山濤) · 상수(向秀) · 유령(劉伶) · 완함(阮咸) · 왕융(王戎) 등과 함께 조카 완함을 포함해서 일곱 사람이 작은 모임을 만들어 항상 죽림 속에 모여 한담하고 술을 마시며 시를 짓고 거문고를 타면서 세월을 보냈다. 이들이 바로

「죽림칠현(竹林七賢)」이다.

그런데 이 칠현 중에도 희로애락(喜怒哀樂)의 변화가 가장 심한 사람은 다름 아닌 완적이었다. 그는 술을 잘 마시고 휘파람을 길게 불면서 거문고를 잘 탔고, 「기쁠 때는 자신의 형체도 잊어버렸다(當其得意 忽忘形骸)」라고 전해진다. 때문에 그 당시 사람들은 울었다가 웃고, 웃다가 우는 완적을 일러 미친 사람이라 하였다. 여기에서 나온 이른바 「당기득의 홀망형해」가 득의망형이라는 말의 유래가 되었다.

이 말은 본래 지나치게 기뻐해서 정상적인 상태를 벗어난다는 뜻이었지만, 지금은 득의양양해서 우쭐거리는 태도를 비유해 이르는 말로도 쓰인다.

⑥ 首鼠兩端(수서양단) 首鼠兩端 머리 首 쥐 鼠 두 兩 끝 端

머뭇거리며 진퇴·거취를 결정짓지 못하고 관망함.

「수서(首鼠)」는 머리를 구멍으로 내밀고 있는 쥐를 말한다. 양단(兩端)은 반대되는 두 끝을 말한다. 쥐가 구멍에서 머리를 내밀고 밖으로 나올까 안으로 들어갈까 형편을 살피고 있는 것이 「수서양단」이다. 이와 마찬가지로 사람이 양다리를 걸친 채 정세를 살피고 있는 애매한 태도를 가리켜 수서양단이라고 한다.

《사기》 위기무안열전에 나오는 무안후 전분의 말이다.

전한 제4대 효경제부터 제5대 무제에 걸쳐 서로 호적수가 되어 티격태격하던 위기후 두영(竇嬰)과 무안후 전분(田蚡) 두 사람이 있었다. 위기후는 제3대 효문제의 당질이고, 무안후는 효경제의 처남, 다 같이 한

실과는 관계가 깊은 사이였다.

위기후 두영

같은 외척인 두영과 전분과의 사이에 세도를 둘러싼 힘겨루기가 오래 계속되던 끝에, 두영의 배경이던 두태후(竇太后)가 죽고 전분의 배경인 왕태후(王太后)가 득세하자, 위기후는 자연 몰락할 수밖에 없었다.

과거에 위기후의 신세를 지던 사람들까지 모두 무안후 쪽으로 붙어 위기후를 찾는 사람이 거의 없는 형편에까지 이르렀다. 그런데 장군인 관부(灌夫)만은 옛 정을 잊지 않고 끝까지 위기후를 감싸고 있었다. 그러던 터에 무안후가 새 장가를 들고 축하의 잔치가 벌어진 자리에서, 무안후와 위기후에 대한 내빈들의 차별 대우에 분개한 관부가 술김에 행패를 부리게 되었다.

전분은 관부를 옥에 가두고 그에게 불경죄와 또 다른 죄를 씌워 관부를 사형에 처하고 가족까지 몰살을 시키려 했다. 그러자 위기후는 관부를 두둔해서 무제에게 상소를 함으로써 이 문제를 조신(朝臣)들의 공론에 붙이게 되었다.

이때 어사대부 한안국(韓安國)은, 위기와 무안의 주장에는 각각 그럴만한 이유가 있으므로, 이 일은 천자의 밝으신 재단(裁斷)으로 처리하는 것이 마땅하다고 중립적인 의견을 말했다.

무제는 신하들의 애매한 태도에 토론을 중단하고 말았다. 조정에서 물러나온 승상 무안은 어사대부 한안국을 자기 수레에 태우고 돌아오며 이렇게 꾸짖었다.

「장유 그대와 함께 대머리 늙은이를 해치우려 했는데, 어째서 수서양단의 태도를 취한단 말인가(與長孺共一老禿翁 何爲首鼠兩端)」

장유(長孺)는 한안국의 자다.

한안국의 태도를 무안은 「수서양단」으로 보았던 것이다. 이 뒤로 형세는 위기에게 불리하게 되어, 관부는 일족을 멸하는 형을 받고, 위기는 사형에 처해졌다. 그러나 이듬해에 무안도 병을 얻어 위기와 관부에게 용서를 비는 헛소리를 하다가는 곧 죽고 만다. 위기와 관부의 원혼이 그를 괴롭혀 죽게 했다고 한다.

❼ 形端表正 (형단표정) 形端表正 형상 **形** 바를 **端** 겉 **表** 바를 **正**

몸매가 단정하면 겉모습이 바르게 된다.

《천자문》에 있는 말이다.

「덕이 세워지면 이름이 서게 되고, 몸매가 단정하면 겉모습이 바르게 된다(德建名立 形端表正)」

이 말은 《예기(禮記)》와 관련이 있는 내용이다.

덕을 성취하면 꽃다운 이름이 세상에 나타나는 법이니, 그것은 마치 모습이 바르면 그림자 역시 바른 이치와 같은 것이다. 《예기》에, 「겉모습이 똑바르면 그림자 또한 똑바르다(形正則 影必端)」는 말을 달리 표현한 것이다.

고대 중국인들은 관혼상제에서부터 의식주와 일상생활에 이르기까지

신분과 계층에 따른 의례(儀禮)를 법처럼 떠받들고 살았다. 《예기》는 바로 유가(儒家)들이 신분과 계층에 따라 지켜야 할 의례에 관한 모든 것을 망라해 놓은 책이다.

❽ 矯枉過正(교왕과정) 矫枉过正 바로잡을 **矯** 굽을 **枉** 지날 **過** 바를 **正**

굽은 것을 바로잡으려다가 지나쳐 오히려 반대로 굽게 되었다는 뜻으로, 착오나 오류를 바로잡으려다가 나쁜 결과를 가져와 절충이 지나친 것을 비유하는 말이다.

춘추시대 말기 오나라와 월나라가 패권을 다투던 사건을 주요 내용으로, 오월지방과 관련된 인물, 역사와 지리 등을 소개한 《월절서》는 중국의 수많은 고전 가운데서도 아주 드문 복수를 주제로 한 특이한 저술이다. 「월절(越絶)」이라는 책이름은 「월왕(越王) 구천(句踐)의 절대적 위엄」,「악을 끊고 선으로 되돌림」,「그처럼 위대한 월나라 역사에 대한 기록이 끊어짐」 등의 복합적 의미를 지니고 있다. 《월절서(越絶書)》에 이런 말이 있다.

「원수를 갚고 적을 무찌르는 것은 그 지성이 하늘에 통하지만, 잘못을 고치려다 오히려 정도가 지나친다(子之復仇 臣之討賊 至誠感天 矯枉過直)」

또 《후한서》 중장통전에서 후한시대의 학자 중장통(仲長統)은 당시의 정치적 혼란의 원인과 후세 사람들이 이러한 혼란을 바로잡는 방법 등을 분석하였다. 그는 다음과 같이 주장하였다.

「제왕(帝王)들 가운데 어떤 이는 그다지 총명하지 못하여, 나라 안에 자신을 반대하는 사람이 없다고 생각하고 스스로 대단하다고 믿게 된다. 그리하여 나라 안의 모든 공적(功績)을 모두 자기의 공로로 돌리며 아무도 자신을 뒤엎지 못하리라 확신하게 된다. 그는 방종에 빠져 환락만을 추구하며, 신하들과 함께 못된 짓만 저지르게 된다. 그 결과 온 나라가 분란에 휘말리게 되고, 이민족들은 이 틈을 노려 침범해 오며, 마침내 나라는 와르르 무너지고 왕조는 멸망하게 되는 것이다」

월왕 구천 소상(塑像)

그는 이어서 말했다.

「정치가 잘 이루어지는 시기가 되면, 사람들은 모두 부정(不正)한 기풍과 혼란을 바로잡기를 바라지만, 굽은 것을 바로잡으면서 마땅한 정도를 지나치게 되기도 한다(復入于矯枉過正之檢). 이 때문에 효과를 얻으려다 도리어 예상한 목적에 이르지 못하는 수도 있다」

결점을 고치려다가 장점마저 없어져 오히려 나쁘게 되었을 때 쓰이는 말로서, 잘못을 바로잡는 데 있어 그 정도가 지나침을 이르는 말이다.

「교왕과직(矯枉過直)」이라고도 한다.

28. 空谷傳聲(공곡전성) 虛堂習聽(허당습청) 空谷传声 虚堂习听

❶				공 空	중 中	누 樓	각 閣
❷			공 空	곡 谷	공 跫	음 音	
❸		이 以	심 心	전 傳	심 心		
❹				성 聲	동 東	격 擊	서 西
❺		명 名	불 不	허 虛	전 傳		
❻	좌 坐	불 不	수 垂	당 堂			
❼	학 學	이 而	시 時	습 習			
❽			도 道	청 聽	도 塗	설 說	

풀이

❶ 空中樓閣(공중누각) 空中楼阁 하늘 **空** 가운데 **中** 다락 **樓** 누각 **閣**

내용이 없는 문장이나 쓸데없는 의론(議論), 진실성이나 현실성이 없는 일, 허무하게 사라지는 근거 없는 가공의 사물, 기초가 튼튼하지 못해 무너지는 것 등을 비유적으로 나타낸 말.

송대의 학자이며 정치가인 심괄(沈括)이 기이한 일들을 모아 지은 《몽계필담》이란 책에 다음과 같은 기록이 있다.

등주(登州 : 산동성)는 삼면이 바다로 둘러싸여 있는데, 늦은 봄에서 여름에 걸쳐 멀리 수평선 위로 누각들이 줄을 이은 도시가 보인다. 지방 사람들은 이를 「해시(海市)」라고 부른다. 그 뒤 청(淸)나라 적호(翟灝)는 그가 지은 《통속편》 속에 심괄의 이 글을 수록한 다음,

「지금 말과 행동이 허황된 사람을 가리켜 공중누각이라고 하는 것은 이것을 말하는 것이다(今稱言行虛構者曰空中樓閣 用此事)」

해시신루(海市蜃樓)

참된 무엇이 없거나 혹은 비현실적인 이야기나 문장을 「공중누각과 같다」고 하는 말은 청나라 시대에 이미 있었음을 이 기록으로 알 수 있다. 물론 심괄이 말한 바다의 도시(海市)란 것은 수평선 멀리 나타나

는 신기루(蜃氣樓)를 보고 한 말인데, 신기루에 대해서는 이미 오래 전 기록에 나타나 있다.

《사기》 천관서(天官書)에, 「신기(蜃氣)는 누대(樓臺)의 모양을 하고 있는데, 넓은 들의 기운이 흡사 궁궐을 이룩하고 있다」 라고 적혀 있다. 「공중누각」 이란 이같이 자연현상을 두고 기록한 것인데, 이를 이해하지 못한 사람들이 실제로 있을 수 없는 일이라고 보고 실현 가능성 없는 일을 비유해 쓰이고 있다.

❷ 空谷跫音(공곡공음) 空谷跫音 빌 **空** 골 **谷** 발자국소리 **跫** 소리 **音**

장 자

「인적 없는 빈 골짜기에서 들려오는 사람의 발자국소리」 라는 뜻으로, 적적할 때 사람이 찾아오는 것을 기뻐하는 마음을 나타내는 말이다. 《장자》 서무귀편에 있는 이야기다.

은자(隱者)인 서무귀(徐無鬼)는 위(魏)나라의 중신 여상(女商)과 이웃해 살았기 때문에 위나라 무후(武侯)를 배알하게 되었다. 한참 뒤 서무귀가 밖으로 나오자 여상이 물었다.

「선생은 우리 임금에게 무슨 말을 하셨습니까? 나는 지금까지 무후께 시서예악(詩書禮樂)과 병법에 대하여 수없이 많은 말로 도움을 주었건만, 무후는 이제껏 이렇게 기쁘게 웃는 모습은 보지 못했소. 도대체 무슨 말을 했기에 저렇게 기뻐하신 겁니까?」

그러자 서무귀는 다음과 같이 대답했다.

「나는 개나 말을 감정한 이야기를 했을 뿐이네」

여상이 다시 물었다.

「그것뿐입니까?」

서무귀가 대답했다.

「그대는 저 월나라에 방랑하는 사람의 이야기를 듣지 못했는가? 자기 나라를 떠난 지 며칠 뒤에는 그 친구를 만나면 기뻐하고, 자기 나라를 떠난 지 몇 달이 되면 일찍 자기 나라에서 한 번쯤 본 사람을 만나도 기뻐했다는 것이다. 그래서 다시 몇 년쯤 지나면 자기 나라 사람과 비슷한 사람만 보아도 기뻐한다는 것이다. 저 인가에서 멀리 떨어진 빈 골짜기에 숨어 사는 사람이 잡초가 우거져, 족제비들이 겨우 다니는 소슬길마저 막힌 쓸쓸한 곳에서 헤맬 때면 사람의 발자국 소리를 듣기만 해도 몹시 기뻐하는 것이다(逃空谷者 聞人之足音跫然 而喜矣). 하물며 형제나 친척이 옆에서 말하고 웃고 하는 소리를 들으면 더욱 기쁠 것입니다. 무후께서는 진인(眞人)의 말을 오래도록 들어보지 못했기 때문에 내 이야기를 듣고 몹시 기뻐하신 거라네」

「진인」이란 「참다운 사람」이라는 뜻으로, 모든 것을 자연에 맡기고 무위(無爲)를 일삼고, 이해득실을 벗어나 도(道)에 통달한 사람을 말한다. 경전이나 병법보다 무위자연의 진리를 설파하는 진인의 진언이 더 필요하다는 것을 말한 것이다. 작은 지혜를 버리고 자연과 융화하면 마음의 안정을 얻을 수 있다는 것을 설명했던 것이다. 또 쓸쓸하게 지내고 있을 때 듣는 기쁜 소식, 고독하게 지내고 있을 때 동정자를 얻은 기쁨, 매우 진기한 일, 반가운 일 등을 비유하여 쓰기도 한다.

❸ 以心傳心 (이심전심) 以心传心 — 써 以 마음 心 전할 傳

말이나 글에 의하지 않고 마음에서 마음으로 전달됨.

「이심전심」은, 말이나 글로가 아니고, 남이 보지도 듣지도 못하는 마음과 마음이 서로 통한다는 뜻이다. 즉 이쪽 마음으로써 상대방 마음에 전해 준다는 말이다. 말을 필요로 하지 않는 서로의 이해 같은 것도 이심전심일 수 있고, 이른바 눈치작전 같은 것도 일종의 이심전심이라 하겠다. 지금은 이 말이 아무렇게나 널리 쓰이고 있지만, 원래 이 말은 불교의 법통 계승에 쓰여 온 말이다.

가섭존자

《전등록》은 송나라 사문(沙門) 도언(道彦)이 석가세존 이래로 내려온 조사(祖師)들의 법맥의 계통을 세우고, 많은 법어들을 기록한 책인데 거기에, 「부처님이 가신 뒤 법을 가섭에게 붙였는데, 마음으로써 마음에 전했다(佛滅後 附法於迦葉 以心傳心)」라고 나와 있다. 즉 석가세존께서 가섭존자(迦葉尊者 : 마가가섭)에게 불교의 진리를 전했는데, 그것은 이심전심으로 행해졌다는 것이다.

「이심전심」을 한 장소는 영산(靈山 : 영취산) 집회였는데, 이 집회에 대해 같은 송나라 사문 보제(普濟)가 지은 《오등회원(五燈會元)》에는 다음과 같이 기록되어 있다.

어느 날, 세존께서 영산에 제자들을 모아놓고 설교를 했다. 그때 세존은 연꽃을 손에 들고 꽃을 비틀어 보였다. 제자들은 그 뜻을 알 수 없어 잠자코 있었는데, 가섭존자만이 그 뜻을 깨닫고 활짝 미소를 지어 보였다. 그러자 세존은 이렇게 말했다.

염화미소

「나는 정법안장(正法眼藏) · 열반묘심(涅槃妙心) · 실상무상(實相無相) · 미묘법문(微妙法門)을 글로 기록하지 않고 가르침 밖에 따로 전하는 것이 있다. 그것을 가섭존자에게 전한다」 고 했다. 글로 기록하지 않고, 가르침 밖에 따로 전하는 「교외별전(教外別傳)」 이것이 바로 이심전심인 것이다.

연꽃을 비틀어 보인 것은 역시 일종의 암시다. 완전한 이심전심은 아니라고도 볼 수 있다. 우리들의 이심전심도 역시 태도나 눈치 같은 것을 필요로 할 때가 많은 것은 「이심전심」의 한 보조수단이라 하겠다.

❹ 聲東擊西(성동격서) 声东击西 소리 **聲** 동녘 **東** 칠 **擊** 서녘 **西**

상대편에게 그럴듯한 속임수를 써서 공격함.

「동쪽에서 소리를 지르고 서쪽을 친다」는 뜻으로, 동쪽을 쳐들어 갈 듯 상대를 교란시켜 실제로는 서쪽을 공격하는 것을 말한다.

당나라 두우(杜佑)가 찬(撰)한 《통전》 병전에 있는 이야기다.

그 내용은 「소리 내어 동쪽을 공격하지만, 사실은 서쪽을 공격한다(聲言擊東 其實擊西)」라는 것이다.

한나라의 유방과 초(楚)나라의 항우가 서로 싸우던 중 위(魏)나라의 왕 표(豹)가 항우에게 항복하였다. 유방은, 항우와 표가 양쪽에서 쳐들어오는 위험에 처하자 한신(韓信)에게 적을 공격하게 하였다.

한 신

위나라의 왕 표는 백직(柏直)을 대장으로 하여 황하 동쪽 포판(蒲坂)에 진을 치고 한나라 군대가 강을 건너오지 못하게 하였다. 한신은 포판을 쳐들어가기가 쉽지 않을 것으로 여겨졌으나, 병사들에게 낮에는 큰 소리로 훈련하도록 하고 밤에는 불을 밝혀 적극적으로 공격하는 표시를 나타내게 하였다.

백직은 이러한 한나라 군대의 작전을 보고 어리석다며 비웃었다. 한신은 비밀리에 한나라 군대를 이끌고 하양에 다다라 뗏목으로 황하를 건너서 매우 빠르게 전진하여 위나라 왕 표의 후방 본거지인 안읍(安邑)를 점령하고 표를 사로잡았다. 이 「성동격서」의 계책은 중국의 역대 병법가들이 매우 중요시했던 계책이었고, 손자병법과 많은 병법서에도 등장하고 있다. 그만큼 유용하고 자주 사용된 계책이다.

❺ 名不虛傳 (명불허전) 名不虚传 이름 名 아닐 不 빌 虛 전할 傳

이름은 헛되이 전해지지 않는다는 뜻으로, 명성이 널리 알려진 데는 그럴 만한 까닭이 있음을 이르는 말.

전국시대에 이른바 「전국 사공자(戰國四公子)」 가운데 한 사람인 맹상군(孟嘗君) 전문(田文)은 인재들을 후하게 대접하여 수천의 식객(食客)을 거느린 것으로 이름이 높았다. 그는 제(齊)의 왕족으로 진(秦)・제(齊)・위(魏)의 재상을 역임한 실력자였지만, 식객을 대등하고 진솔하게 대우하여 다양한 재주를 지닌 사람들이 그의 영지인 설(薛, 지금의 산동성 등주) 지역으로 모여들었다.

《사기》 맹상군열전에는 맹상군이 얼마나 식객들을 잘 대우했는지를 보여주는 다양한 일화들이 기록되어 있다.

맹상군은 설(薛)에 있으면서 제후의 빈객을 초대했는데, 죄를 짓고 도망친 자까지 찾아왔다. 맹상군은 가산을 팔아가면서까지 따뜻하게 대우했기 때문에, 그에게 모여드는 사람들은 천하의 선비를 모두 옮겨놓은 것 같았다. 식객은 수천을 헤아릴 정도였는데, 귀천에 관계없이 모두 자기와 대등하게 대우했다.

맹상군이 방문객을 응대하면서 좌담할 때, 병풍 뒤에서는 항상 시사(侍史 : 기록을 담당한 사람)가 있어서 맹상군이 손님에게 그 친척의 주소를 물으면 기록했다. 그리고 손님이 가면 맹상군은 즉시 사자를 보내 그 친척을 방문케 하고 예물을 보냈다.

어느 날, 맹상군이 손님을 접대하고 함께 야식을 먹으려 할 때, 누군가 등불을 막아 방안이 어두웠다. 손님은 음식에 차별이 있기 때문이라고 의

맹상군

심하고 기분이 상해서 식사를 사양하고 돌아가려고 했다. 이때 맹상군은 자리에서 일어나 그 음식을 몸소 손에 들고 늘어놓아 보였다. 손님은 부끄러워하며 스스로 목을 찔러 자결했다. 이 일로 인해서 맹상군에게 복종하는 선비가 더욱 많아졌다.

맹상군은 손님을 가리지 않고 잘 대우하여 사람마다 모두 맹상군이 자기와 친하다고 여겼다고 한다. 때문에 그가 진(秦) 소왕(昭王)의 초빙을 받아 재상이 되었다가 모함을 받아 진(秦)을 탈출하는 과정에서 비롯된 「계명구도(鷄鳴狗盜)」의 고사처럼, 그에게는 도둑질을 잘하는 사람과 닭 울음소리를 잘 내는 사람 등 온갖 재주를 가진 사람들이 모여들었다.

맹상군이 일찍이 설(薛) 땅을 지나는데 그 고장 풍속이 대체로 거친 사람이 많아 까닭을 물으니,

「맹상군이 천하의 협객과 간사한 자를 불러 모았으니 설 땅에 들어온 사람이 대략 6만여 가호(家戶)나 되었다(孟嘗君招致天下任俠 姦人入薛中蓋六萬餘家矣)」는 답변을 들었다고 적었다. 그리고 「세상에 전하기를 맹상군이 객을 좋아하고 스스로 즐거워하였다고 하니 그 이름이 헛된 것이 아니었다(世之傳孟嘗君好客自喜 名不虛矣)」고 덧붙였다.

여기에서 「이름은 헛되이 전(傳)해지지 않는다」는 뜻의 「명불허전(名不虛傳)」이라는 표현이 비롯되었으며, 명성이 널리 알려진 데는 그럴

만한 까닭이 있음을 나타내는 말로 오늘날에도 널리 쓰인다.

❻ 坐不垂堂 (좌불수당)

坐不垂堂 앉을 **坐** 아니 **不** 드리울 **垂** 집 **堂**

마루 끝에 앉아 있는 것은 위험하니 앉지 않는다는 뜻으로, 위험한 일에 가까이하지 않음을 이르는 말. 앞뒤를 재고 결단하기를 망설이는 태도의 비유.

원앙 각좌도(却坐圖, 淸 화가 서조)

전한 원앙(袁盎)은 초(楚)나라 사람으로 자를 사(絲)라고 했다. 아버지는 본래 군도(群盜)의 한 사람이었다가 후에 안릉으로 옮겨와서 살았다. 원앙은 일찍이 고후(高后) 때에 여록(呂祿)의 사인으로 있은 일이 있으며, 문제가 즉위하자 형인 쾌(噲)의 추천으로 낭중이 되었다.

그 무렵 강후(絳侯 : 주발)는 승상이 되자 조정에서 퇴청할 때도 늠름하게 걸어, 주상도 승상을 융숭하게 예우했고 언제나 존경하는 눈으로 배웅하곤 했다. 원앙은 그것을 보자, 나아가 황제에게 말했다.

「폐하는 승상을 어떤 인물이라고 생각하십니까?」

황제가 말했다.

「사직의 중신이오」

강후 주발

그러자 원앙이 말했다.

「강후는 이른바 공신(功臣)이기는 하지만, 사직지신은 아닙니다. 사직의 신하란 군주가 재세(在世)하면 함께 살다가 군주가 멸하면 함께 멸하는 법입니다. 여태후가 득세했을 때에는 여씨 일족이 정권을 멋대로 휘두르고 마음 내키는 대로 서로 왕이 되었으며, 황실인 유씨(劉氏)는 쇠미(衰微)하여 명맥마저 위태로웠건만 이를 바로잡지 못했습니다. 당시 강후는 태위(최고의 군관)로서 병권을 쥐고 있으면서 이를 손쓰지 않았습니다. 그러다가 여태후가 죽고 대신들이 공동으로 여씨 일족에게 배반했을 때, 때마침 병권을 쥐고 있었던 까닭에 우연하게 성공을 했을 뿐입니다. 그러므로 이른바 공신이기는 하지만 사직의 신하는 아닙니다. 그런데도 승상은 폐하에 대해서도 교만한 티가 보이고, 폐하는 오히려 겸손해 하시는데, 이는 군신의 예를 잃게 되는 일로서 은밀히 폐하를 위해 찬성을 할 수 없는 일입니다」

어느 날, 문제가 외출을 했는데 환관 조동(趙同)이 배승했다. 원앙은 수레 앞에 엎드려서 말했다.

「『천자의 수레 지름 여섯 자의 자리에 배승하는 자는 천하의 영웅호걸에 한한다』는 말을 들은 바 있습니다. 지금 한나라에 아무리 인물이 없다 하더라도 폐하께서는 어찌 조동을 배승시키셨습니까?」

그러자 천자는 웃으면서 조동을 보고 내리라고 말했고, 조동은 눈물을 흘리며 내렸다.

또 문제가 패릉(霸陵 : 장안의 동쪽) 위에서 서쪽으로 가파른 고갯길을 달려서 내려가려고 했다. 원앙은 자기의 말을 천자의 수레와 나란히 세우고 황제의 수레를 끄는 말고삐를 당겼다. 황제가 말했다.

「장군은 무섭소?」

그러자 원앙이 대답했다.

「저는 『천금을 가진 부잣집 아들은 마루 끝에 앉지 않고(千金之家坐不垂堂), 백금을 가진 부잣집 아들은 난간에 기대서지 않으며, 성명(聖明)한 군주는 위험을 무릅쓰며 요행을 바라지 않는다』는 말을 들었습니다. 지금 폐하께서는 6두마차로 가파른 언덕길을 달려 내려가시려고 하는데, 만약 말이 놀라서 수레가 부서지는 일이 생기면 폐하께서 몸을 가벼이 하신 것은 물론 종묘(宗廟)와 황태후는 무슨 낯으로 대하시겠습니까?」

황제는 달릴 생각을 그만두었다. 원앙의 사람됨은 이러했으므로 모든 사람들로부터 추앙을 받았다.

❼ 學而時習(학이시습) 学而时习 배울 **學** 말이을 **而** 때 **時** 익힐 **習**

배우고 때로 익힌다는 뜻으로, 배운 것을 항상 복습하고 연습하면 그 참 뜻을 알게 됨.

「학이시습」은 《논어》 맨 첫머리에 나와 있는 말이다. 「배우고 때로 익힌다」라고 새겨 읽는다. 맨 첫머리에 이 말을 특히 쓰고 있는 것은 그만한 이유가 있어서인 것으로 풀이된다. 배운다는 것은 새로 알

공자가 제자들을 가르친 행단(杏壇)

고 깨닫고 느끼고 하는 모두가 포함되어 있는 말이다.

때로 익힌다는 뜻으로 풀이되지만 실상은 그것이 아니다. 듣고 보고 알고 깨닫고 느끼고 한 것을 기회 있을 때마다 실제로 그것을 행해보고 실험해 본다는 뜻이다. 그렇게 함으로써 배우고 듣고 느끼고 한 것이 올바른 내 지식이 될 수 있으며 내 수양이 될 수 있고, 나아가서는 내 믿음과 인격을 이루게 되는 것이다.

공자는 이렇게 말하고 있다.

「배우고 때로 익히면 또한 기쁘지 아니하냐(學而時習之 不亦說乎)」

이 「기쁘지 아니하냐」 고 한 말은, 배우고 그 배운 것을 생활을 통해 차츰 내가 타고난 천성처럼 익숙해 가는 기쁨을 말한다. 그것은 마치 자전거를 처음 배우고 자동차를 처음 운전할 때, 조금씩 나아져 가는 자기 기술에 도취되는 그런 것에 비유될 수도 있을 것이다. 계속해서,

「벗이 있어 먼 곳으로부터 찾아오면 또한 즐겁지 아니하냐(有朋自遠方來 不亦樂乎)」 하고 학문과 덕이 점점 깊고 높아져서 뜻을 같이하는 사람들이 먼 곳에서 소문을 듣고 찾아오게 되면 그 속에서 참다운 즐거움을 얻게 된다는 뜻이다.

그러나 학문이 깊고 덕이 높아도 세상이 이를 몰라줄 경우도 있다. 그러나 그런 것에 관심을 둘 필요는 없다.

그래서 공자는 끝으로,

「남이 나를 알아주지 않아도 원망하지 않으면 또한 군자가 아니겠는가(人不知而不慍 不亦君子乎)」고 말하고 있다.

이 기쁨과 즐거움을 느끼게 되고, 또 세상이 알아주던 몰라주던 내가 가야 할 길로 꾸준히 나아가는 것이 인간의 인생을 통한 참다운 삶의 길임을 말한 것이다. 그래서 이 말을 맨 첫머리에 두게 된 것이라고 후세 사람들은 풀이하고 있다.

❽ 道聽塗說(도청도설) 道听涂说 길 **道** 들을 **聽** 진흙 **塗** 말씀 **說**

무슨 말을 들으면 그것을 깊이 생각지 않고 다시 옮기는 경박한 태도.

아무렇게나 듣고 아무렇게나 말하는 것을 가리켜 「도청도설」이라고 한다. 길에서 들은 것을 길에서 이야기한다는 뜻이다.

《논어》 양화편에 있는 공자의 말이다.

「길에서 듣고 길에서 이야기하는 것은 덕을 버리는 것이다(道聽而塗說 德之棄也)」라고 했다.

「앞의 길(道)에서 들은 좋은 말(道聽)을 마음에 간직해서 자기 수양의 길잡이로 하지 않고, 후의 길에서 바로 다른 사람에게 말해 버리는(塗說) 것은 스스로 그 덕을 버리는 것과 같은 것이다. 선언(善言)은 전부 마음에 잘 간직해서 자기 것으로 하지 않으면 덕을 쌓을 수 없다」

몸을 닦고(修身), 집안을 정제하고(齊家), 나라를 다스리고(治國), 천하를 평정해서(平天下) 천도(天道)를 지상에 펴는 것을 이상으로 한 공자는 그러기 위해서 사람들이 엄하게 자기를 규율하고, 인덕을 쌓아 실천해 갈 것을 가르쳤다. 그리하여 덕을 쌓기 위해서는 끊임없는 노력이 필요하다는 것을 《논어》에서 가르치고 있다.

후한의 반고(班固)가 지은 《한서》 예문지에는,

「무릇 소설(小說)의 시초는 군주가 일반 서민의 풍속을 알기 위해 하급 관리에게 명해서 서술시킨 데서부터 시작된다. 즉 세상 이야기나 거리의 소문은 도청도설하는 자들이 만들어낸 것이다」 라고 씌어 있다.

소설이란 말은 이런 의미로서 원래는 「패관(稗官 : 하급관리)소설」이라고 했으나 후에 그저 소설(小說)이라 부르게 되었다.

순 자

또 《순자》 권학편에는,

「소인의 학문은 귀에서 들어와 바로 입으로 빠지며 조금도 마음에 머무르게 하지 않는다. 입과 귀 사이는 약 네 치, 이 정도의 거리를 지나게 될 뿐으로서 어찌 7척의 신체를 미화할 수 있겠는가. 옛날, 학문을 하는 사람은 자기를 연마하기 위해 노력했으나, 지금 사람은 배운 것을 곧 남에게 알려 자기 것으로 하겠다는 생각이 없다. 군자의 학문은 자기 자신을 아름답게 하는 데 반해, 소인들의 학문은 인간을 못 쓰게 만들어 버린다. 그래서 묻지도 않은 말을 입 밖에 내고 만다. 이것을 듣기 싫다 하고, 하나를 묻는데 둘을 말하는 것을 수다라고 한다. 어느 것도 좋지 않다. 진정한 군자란 묻지 않으면 대답하지 않고, 물으면 묻는 것만을 대답한다」 라고 하여 다언(多言)을 경계하고 있다.

어느 세상이거나 오른쪽에서 들은 말을 왼쪽으로 전하는 수다쟁이와 정보통이 많다. 더구나 입에서 입으로 전해지는 동안에 점점 날개가 달리게 된다.

「이런 인간들은 세상에 도움이 되지 않는다」 라고 공자, 순자는 말하고 있다.

또 자기에게 학문이 있다는 것을 선전하는 자, 소위 현학적(衒學的) 행위도 삼가야 한다고 했다. 생각과 실천이 따르지 않는 공부는 곧 길에서 듣고 길에서 말하는 것과 별로 다를 것이 없는 것이다.

29. 禍因惡積 福緣善慶 祸因恶积 福缘善庆

(화인악적 복연선경)

❶ 轉(전) 禍(화) 爲(위) 福(복)

❷ 因(인) 人(인) 成(성) 事(사)

❸ 七(칠) 去(거) 之(지) 惡(악)

❹ 積(적) 薪(신) 之(지) 嘆(탄)

❺ 禍(화) 福(복) 無(무) 門(문)

❻ 福(복) 緣(연) 善(선) 慶(경)

❼ 善(선) 自(자) 爲(위) 謀(모)

❽ 彈(탄) 冠(관) 相(상) 慶(경)

풀이

❶ 轉禍爲福(전화위복) 转祸为福 구를 **轉** 재화 **禍** 될 **爲** 복 **福**

「화가 바뀌어 복이 되고, 실패한 것이 오히려 공이 된다(轉禍爲福因敗爲功)」고 한 말에서 나왔다. 《사기》 소진열전에 있는 말이다.

전국시대 때 가장 활약이 뛰어난 종횡가(縱橫家)로는 장의와 소진을 꼽는다. 장의는 연횡책(連橫策=連衡策)으로, 소진은 합종책(合縱策)으로 유명하다. 그 중 소진은 이런 말을 한 적이 있다.

「옛날에 일을 잘 처리했던 사람은 『화를 바꾸어 복을 만들고, 실패를 바꾸어 공으로 만들었다』고 한다」

《사기》 관안열전에도 관중(管仲)을 이렇게 평하고 있다.

「정치의 실재 면에 있어, 번번이 화를 전환시켜 복으로 하고 실패를 전환시켜 성공으로 이끌었다. 어떤 사물에 있어서도 그 경중을 잘 파악하여 그 균형을 잃지 않도록 신중하게 처리했다」

전화위복이란 실패했다고 포기하고 마는 것이 아니라 그것을 새로운 성공의 계기로 삼아 분연히 일어날 것을 당부할 때 흔히 쓰이는 말이다. 즉 어떤 사람이 한때의 실패로 의기소침해 있을 때 그의 어깨를 두드리며, 「인생만사 새옹지마(塞翁之馬)라고 하지 않던가. 이번 일을 전화위복의 계기로 삼아 용기를 내보게」라고 하는 식으로 말한다.

❷ 因人成事(인인성사) 因人成事 의지할 **因** 사람 **人** 이룰 **成** 일 **事**

사회생활을 하는 인간은 혼자 힘으로는 되는 일이 없다.

「인인성사(因人成事)」는 남을 의지해서 일이 이뤄진다는 말이다. 녹록한 사람들이 잘난 사람의 덕을 보는 것을 뜻한다.

그러나 본래의 뜻은 상호 의존적인 그런 의미가 아니고 「원님 덕에 나팔 분다」식의 가벼운 뜻으로 쓰였다.

「세 치 혀가 백만의 군사보다 강하다(三寸之舌)」고 한 제목에서 언급된 모수(毛遂)의 입을 통해 나온 말이다.

진(秦)나라가 조(趙)나라 수도 한단(邯鄲)을 포위하자 조나라는 평원군을 초나라로 보내 구원병을 청하게 했다. 평원군은 길을 떠날 때 문무를 겸한 문객 스무 명을 뽑아 데리고 가기로 하고, 인선에 들어갔으나 겨우 열아홉 명밖에 뽑지 못했다. 그래서 자청해서 나선 것이 모수였다. 「모수자천(毛遂自薦)」이란 말이 여기서 생겨난 것이다.

평원군은 20명의 문객을 거느리고 초나라 왕과 초나라 궁정에서 회담을 갖게 되었다. 그러나 마음이 착하기만 한 평원군과 진나라가 두렵기만 한 초왕과의 회담은 아침부터 시작해서 대낮이 기울도록 결정을 못보고 있었다. 보다 못한 문객들은 모수를 보고 올라가라고 했다. 모수는 칼을 한 손으로 어루만지며 성큼성큼 계단을 올라가 초왕에게 말을 건넸다.

「구원병을 보내는 것이 좋으냐 아니냐 하는 것은 두 마디로 결정될 일인데, 해가 뜰 때부터 시작된 이야기가 한낮이 되도록 결정을 보지 못하는 것은 무엇 때문입니까?」

그러자 초왕이 평원군을 보고 물었다.

「저 손은 누구입니까?」

「신의 문객입니다」

그러자 초왕은 호통을 쳤다.

「어서 내려가지 못할까. 내가 너의 주인과 말하고 있는데, 네가 무슨 참견이란 말이냐?」

그러자 모수는 칼을 잡고 앞으로 나아갔다.

「왕께서 이 모수를 꾸짖으시는 것은 초나라 군대가 있기 때문입니다. 그러나 지금은 나와 열 걸음 안에 있으므로 초나라 군대가 아무 소용이 없습니다. 왕의 목숨은 이 모수의 손에 달려 있습니다. 우리 주인이 앞에 있는데 나를 꾸짖는 것은 무엇 때문입니까. 그리고 옛날 탕임금은 70리 땅으로 천하를 통일하고, 문왕은 백 리의 땅으로 제후들을 신하로 만들었습니다. ……지금 초나라는 땅이 사방 5천 리에 무장한 군대가 백만에 이르고 있습니다. ……그런데 백기(白起)란 어린 것이 수만의 군대를 거느리고 초나라와 싸워, 한 번 싸움에 언영(鄢郢)을 함락시키고 두 번 싸움에 이릉(夷陵)을 불사르고 세 번 싸움에 왕의 선인(先人)을 욕되게 했습니다. 이 백 세의 원한을 조나라도 부끄러워하고 있는데, 왕께서는 미워할 줄을 모르고 계십니다. 두 나라의 연합은 실상 초나라를 위한 것이지 우리 조나라를 위한 것이 아닙니다. 우리 주인이 앞에 있는데 나를 꾸짖는 것은 무엇 때문입니까?」

모 수

초왕은 서슬이 시퍼런 모수의 기세에 겁을 먹고, 또 진나라 백기에 당한 지난날의 일을 생각하니 복수의 감정이 치받기도 했다.

「선생의 말을 듣고 보니 과연 그렇소. 삼가 나라로써 선생을 따르겠

소」

「그럼 출병은 결정된 것이옵니까?」

「그렇소」

그러자 모수는 초왕의 좌우에 있는 사람들을 시켜 맹약에 쓸 피를 가져오게 하고, 피가 담긴 구리쟁반을 자기가 받아 든 다음 무릎을 꿇고 초왕 앞에 들이밀며 말했다.

「대왕께서 마땅히 먼저 피를 마시고 맹약을 정하십시오. 그 다음은 저의 주인이요, 그 다음은 이 모수가 하겠습니다」

이렇게 궁전 위에서 맹약을 끝마치자, 모수는 왼손에 피 쟁반을 들고 오른손으로 열아홉 명을 손짓해 말했다.

「당신들은 함께 이 피를 대청 아래서 받으시오. 당신들은 녹록한 사람들로 이른바 남으로 인해 일을 이룩하는 사람들입니다(公相與歃此血於堂下 公等錄錄 所謂因人成事者也)」

이리하여 초나라로부터 구원병을 얻는 데 성공한 평원군은 모수를 가리켜, 「모선생의 세 치 혀가 백만의 군사보다도 더 강하다(三寸之舌强于百萬之師)」고 칭찬했다.

여기에 나온 「인인성사」는 녹록한 사람들이 잘난 사람의 덕을 보는 것을 뜻한다. 그러나 지금은 누구나 다 그렇다는 뜻으로 쓰이고 있다.

❸ 七去之惡 (칠거지악)

七去之恶 일곱 七 버릴 去 어조사 之 악할 惡

유교(儒敎)에서 아내를 내쫓을 수 있는 일곱 가지 죄악이란 뜻이다. 「삼종지도(三從之道)」와 함께 여성들을 일방적으로 학대해 온 고대

사회의 대표적인 윤리관이다.

그 일곱 가지 죄악이란 다음과 같은 것이다.

첫째는 시부모의 말에 순종하지 않는 것이다.

즉 「불순부모거(不順父母去)」라는 것이다. 거(去)는 「버린다」, 「보낸다」, 「쫓는다」 하는 뜻이다. 이것은 아마 지금도 법률적으로 이혼조건이 될 수 있을 것이다. 물론 그 정도의 차는 있지만.

다음은 「무자거(無子去)」다. 자식을 낳지 못하면 보낸다는 것이다.

불효 가운데 뒤를 이을 자식이 없는 것을 가장 큰 것으로 알던 고대사회에서는 너무도 당연한 일이었을지 모른다.

지금도 아직 그 잔재가 남아 있어 첩을 얻는 사유가 가끔 본부인이 아들을 낳지 못하는 것이 이유가 될 때가 있다.

다음은 「음거(淫去)」다. 부정한 행동이 있으면 보내는 것이다.

지금도 이것만은 이혼의 절대적인 조건이 되어 있으니 옛날이야 말할 것도 없는 일이다. 다만 여성에 한한 일방적이라는 것에 차이가 있을 뿐이다.

다음은 「유악질거(有惡疾去)」다. 전염될 염려가 있는 불치의 병 같은 것을 말한다. 지금도 이것만은 그대로 적용되고 있다고 볼 수 있다. 지금은 서로가 동등한 위치에서 할 수 있는 점이 다르지만.

다음은 「투거(妬去)」다. 첩 꼴을 보려고 하지 않는다든가, 공연히 남편의 하는 일에 강짜를 부리는 그런 여자는 돌려보내도 좋다는 것이다. 이것이 아마 여성들에게는 가장 가혹한 일방적인 고역이었을 것이다. 쌍벌죄가 여성들을 보호하고 있는 오늘을 사는 여성들로서는 생각만 해도 남성들의 지난날의 횡포가 치가 떨리도록 미울 것이다.

다음은 「다언거(多言去)」다. 말이 많은 여자는 보내도 좋다는 것이다. 말이 많다는 표준을 어디에 두었는지는 알 수 없지만, 아마 말을 옮기기를 좋아해서 동기 · 친척들을 불화하게 만드는 그런 경우를 말할 수 있을 것이다.

끝으로 「도거(盜去)」다. 손이 거친 여자는 보낸다는 것이다.

그런데 여기에도 보내지 못하는 세 가지 조건이 있다. 이른바 삼불거(三不去)라는 것이다.

첫째, 부모들이 그 며느리를 사랑하는 경우, 부모의 3년상을 치른 아내는 보내지 않는다. 다시 말해 부모에게 효도가 극진한 아내는 보내지 않는다는 것이다.

둘째, 그런 경우는 드물겠지만, 자식을 낳지 못하는 여자들 중에 효부가 많이 있는지도 모른다. 처음 시집와서 몹시 가난하고 어렵게 살다가 뒤에 부자가 되고 지위가 높아졌을 경우는 비록 잘못이 있어도 보내서는 안된다는 것이다.

이 말은 돈이 많고 출세를 하게 되면 공연히 아내가 보기 싫어지는 폐단을 막기 위한 것일지도 모른다. 잘못은 잘못이요 공은 공이라는 생각에서 나온 것이긴 하지만.

셋째, 돌아갈 곳이 없는 여자는 내보내서는 안된다고 했다.

법에도 눈물이 있다는 말과 같이 자기와 같이 살던 여자를 길거리로 내쫓을 수는 없다는 점에서일 것이다.

❹ 積薪之嘆 (적신지탄) 积薪之嘆 쌓을 **積** 땔나무 **薪** 갈 **之** 탄식할 **嘆**

장작을 뒤에서부터 쌓아 놓아 언제나 위에서부터 사용하기 때문에 오래 된 것은 도무지 사용되지 않고 언제까지나 쌓여 있는 모양을 일컫는 말로, 나중에 온 자가 중용되고 먼저부터 있던 자가 밑으로 밀려나 쓰이지 않는 고민, 한탄을 말한다.

❺ 禍福無門(화복무문) 祸福无门 재앙 **禍** 복 **福** 없을 **無** 문 **門**

화(禍)나 복(福)이 오는 문은 정하여 있지 않다는 뜻으로, 스스로 악한 일을 하면 그것은 화가 들어오는 문이 되고, 착한 일을 하면 그것이 복이 들어오는 문이 된다는 말로서, 재앙이나 복은 모두 사람이 자초하는 것이라는 말이다.

노(魯)나라 대부 계손숙(季孫宿)에게는 정부인에게서 낳은 적사자(嫡嗣子)가 없었다. 서자 중에서는 공미(公彌)의 나이가 위였는데, 계손숙은 나이가 어린 도자(悼子)를 사랑하여 후계자로 세우고 공미는 집안의 병마(兵馬)를 맡아보는 마정(馬正)의 일을 보게 했는데, 공미는 아우에게 후계의 자리를 빼앗긴 것이 분해 아버지의 분부를 따르지 않았다.

이에 민자마(閔子馬)가 공미에게 이렇게 충고했다.

「너는 그렇게 해선 안 된다. 복(福)과 화(禍)는 들어오는 문이 따로 정해 있는 것이 아니고, 오직 사람이 그 하기에 달린 것이다(子無然 禍福無門 唯人所召). 자식 된 자는 부모에게 불효하지 않을까를 걱정하여야 하지, 지위가 있고 없는 것을 걱정하지 않는 것이다. 부모의 말씀을 공경하여 받드는 것이 도리인 것이다. 만약 네가 효로써 아버지를 공경하면 너는 계씨 가문을 잇는 후계자보다 두 배나 부자가 될 수도 있을 것이다. 그러나 네가 상궤(常軌)를 벗어나는 일을 한다면 그 화는 백성들에게는 배나 더할 것이다」

회남자

공미는 이 충고를 옳게 여겨 아버지를 공경하고 성심껏 집안일을 돌보니 아버지 계손숙은 매우 기뻐하며, 공미의 집에서 술을 마실 때는 일부러 필요한 그릇들을 싸가지고 가서 술을 마신 후 그릇들을 그대로 공미의 집에 두고 왔다. 그렇게 하여 공미는 점차 부자가 되었고 조정에서는 좌재(左宰)의 벼슬에까지 올랐다.

《회남자(淮南子)》에도 「화와 복은 문이 같다(禍福同門)」 즉 화와 복은 자신이 불러오는 것이라 했다. 또 《맹자》 공손추상(公孫丑上)에도 「화와 복은 자기에게서 말미암는다(禍福由己)」라고 했다.

❻ 福緣善慶 (복연선경)

福缘善庆 복 **福** 인연할 **緣** 착할 **善** 경사 **慶**

행복은 평소 좋은 일을 쌓아 얻은 경사이다.

《천자문》에 있는 말이다.

「재앙을 불러들이는 것은 평소 악한 짓을 쌓았기 때문이고, 행복은 평소 좋은 일을 쌓아 얻은 경사이다(禍因惡積 福緣善慶)」

《역경》 곤괘(坤卦) 문언전에 이런 말이 있다.

「선을 쌓은 집은 반드시 남은 경사가 있고, 불선(不善)을 쌓은 집에는 반드시 남은 재앙이 있다(敵線之家 必有餘慶 積不善之家 必有餘殃). 신하가 그 임금을 죽이고, 자식이 그 아비를 죽이는 것이 하루아침 하루저녁의 까닭이 아니고, 그것이 싹튼 지는 오래다」

착한 일이든 악한 일이든 오래 쌓은 뒤라야 복을 받고 화를 입게 된다는 뜻이다. 나무를 심어 과일을 따듯이 꾸준한 노력이 계속되지 않으면 그 성과를 볼 수가 없는 것이다. 나무에서 과일을 따지만, 그 관리를 소홀히 한다고 해서 금방 나무가 죽어 없어지는 것은 아니다. 몇 해를 거듭 게을리 하게 되면 비로소 그 과일밭은 완전히 버리게 된다. 그러나 노력을 쌓아 좋은 결과를 얻기는 어렵고, 게으름을 피워 얻은 결과를 망치기는 쉽다. 복과 화의 경우도 마찬가지다.

한나라 유향이 편찬한 《설원》이란 책에는 불선(不善)을 악(惡)이란 글자로 바꾸어 「적악지가 필유여앙(積惡之家 必有餘殃)」이라고 했다.

그리고 《사기》에는 「착한 일을 한 사람에게는 하늘이 복으로써 보답하고, 그릇된 일을 한 사람에게는 하늘이 재앙으로써 보답한다」라는 말이 있다. 그리고 《명심보감》에도 같은 내용의 말이 수록되어 있다.

이런 여러 예문들이 주는 교훈은 악이든 선이든 참된 보상은 그것을 거듭 행함으로써 효과가 나타난다는 것이다. 악행은 차치하고 선행의 경우에도 한번 실천했다고 해서 보답이 오지 않는다고 원망한다면 어리석은 욕심이 될 뿐이다.

오히려 선을 쌓는 것 중에는 남이 아는 그런 선보다는 남이 알지 못하는 음덕(陰德)과 같은 선을 쌓는 것이 참복을 받게 된다는 것을 알아야 한다. 남이 몰라주는 노력과 봉사가 다 음덕에 속하는 일이다.

❼ 善自爲謀 (선자위모) 善自为谋 좋을 **善** 스스로 **自** 할 **爲** 꾀할 **謀**

제 속셈을 잘 차리는 사람.

「자신을 위한 일을 잘 꾸민다」라는 뜻으로, 제 속셈을 잘 차리는 사람을 비유하여 이르는 말이다.

《남제서》 왕승건전에 있는 이야기다.

남제 사람 왕승건(王僧虔)은 예서(隸書)를 아주 잘 쓰기로 유명한 사람이다. 아울러 그가 세상을 살아가는 처세술 역시 유명하였다. 그의 친구가 이를 묘사해서 「계익수만 굴기자용(戒益守滿 屈己自容)」이라고 하였다.

그 뜻은, 일을 하면서 너무 자기의 이익을 챙기는 것을 경계하고, 다른 사람에게 한 발 양보하라는 것이다. 다른 사람이 좋고 나쁘고 간에 자기와 이해관계가 없다면 무엇 하려고 자기 고집을 피우겠는가? 어떤 때는 번거로움을 피하기 위해서라도 자신을 조금 낮추는 것이 무방하다는 것이다.

좀 더 쉽게 풀이한다면 왕승건은 「칼로 두부를 자르듯이 양면이 매끄러운(刀切豆腐兩面光)」 사람이라고 할 수 있다.

당시의 황제였던 제나라 태조는 서예를 아주 좋아하였다. 태조는 자신의 서법에 대해 평소 자부심을 가지고 있던 터라 서법으로 유명한 왕승건과 우열을 가리고 싶어 했다. 왕승건은 그 진퇴에 항상 여유를 둔 사람이지만, 글을 쓰는 데 열중하면 자신도 모르게 한 자 한 자 특별한 공을 들여 다 쓰고 나서야 흡족해 하는 사람이었다.

왕승건이 흐뭇한 표정으로 자기의 작품을 보고 있는데, 태조가 자기의 작품과 그의 작품을 놓고 우열을 가리라고 명령하였다. 이 말을 들은 왕승건은 잠시 난감해져서 이리저리 궁리하기 시작하였다.

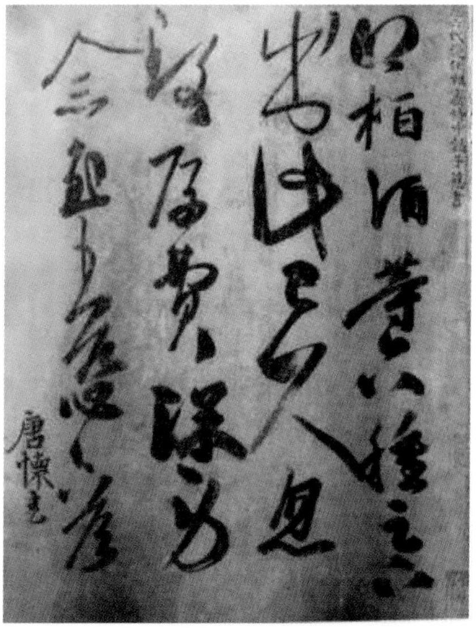
왕승건의 글씨

만약 자기 작품이 제일이라고 한다면, 황제의 면전에서 황제의 작품이 부족하다고 말하는 꼴이 되는 것이다. 그런 말을 해서 황제의 노여움을 사 도움이 좋을 게 없었다. 그러나 반대로 황제의 작품이 낫다고 한다면, 이 역시 얼마 안 가 들통이 나고 말 것이다. 그러면 이 또한 황제를 속인 결과가 되어 뒤탈이 생길 수도 있는 일이었다. 오랫동안 고민하다가 결국 한 가지 방법을 생각해 냈다. 그는 이리저리 고개를 갸우뚱거리면서 조심스럽게 대답하였다.

「제가 보기엔 제가 쓴 것이 더 낫다고 하겠습니다. 하지만 폐하께서 쓰신 글도 저와 마찬가지로 제일이라고 할 수 있습니다」

이 말을 들은 태조는 얼굴이 붉어지도록 폭소를 터뜨리며 말했다.

「경은 말 그대로 똑똑하고 빈틈이 없는 사람이구려. 경은 과연 제 속셈을 잘 차린다고 할 만하구려(卿可謂善自爲謀)」

❽ 彈冠相慶(탄관상경) 弹冠相庆 탄알 **彈** 갓 **冠** 서로 **相** 경사 **慶**

관의 먼지를 털면서 서로 치하한다는 뜻으로, 벼슬하게 된 것을 서로

축하함을 비유한 말.

서한(西漢) 때, 낭야(瑯琊)에 왕길(王吉)이라는 사람이 있었다. 자는 자양(子陽)으로, 그는 어려서부터 배우기를 좋아하였고, 품행이 단정하였다. 후에 수도인 장안(長安)에 와서 한(漢) 선제(宣帝)의 휘하에서 주치고병(主治庫兵)이라는 관리를 지냈다. 왕길이 젊은 시절 장안에 있으면서 공부할 때였다. 동쪽 옆집의 큰 대추나무 가지가 왕길 집 뜰 가운데로 뻗어 있었다. 왕길의 아내는 그 대추를 따서 남편의 밤참거리로 삼곤 하였다.

한선제 유순

며칠 후, 왕길은 아내가 옆집의 대추를 따고 있는 것을 보게 되었다. 그는 몹시 화가 나서 그녀를 내쫓아버렸다. 이웃사람들이 이 사실을 알고 왕길에게 아내를 다시 데려오라고 권했다. 많은 사람들의 권유에도 불구하고 왕길은 옆집 사람이 대추를 수확한 다음에 아내를 데려오겠다고 했다. 왕길의 이러한 처신에 사람들은 칭찬을 아끼지 않았다.

이 일은 노래로 만들어지기까지 했다.

「동쪽 집의 나무 때문에 왕양은 아내를 쫓아냈네. 옆집 대추 수확하자, 쫓아낸 아내를 다시 데려왔다네」

왕길의 매서운 지조가 이와 같았다.

한선제는 이 일을 알고 왕길을 간의대부(諫議大夫)로 임명하였으나,

그의 견해가 진부하다는 이유로 관직을 그만두게 하였다. 왕길에게는 공우(貢禹)라는 절친한 고향 친구가 있었는데, 그 또한 왕길이 면직된 후 곧 면직되었다.

공 우

후에 왕길은 한 소제(昭帝)와 한 원제(元帝)에게 몇 차례 글을 올려서, 황제들의 향락행위와 조정의 일에 대하여 간언하였다. 이 일로 그는 사람들의 칭송과 존경을 받게 되었으며, 다시 큰 벼슬을 하게 되었다.

공우는 이 소식을 듣고 자기에게도 승진의 기회가 왔다고 생각하고, 자기 모자의 먼지를 톡톡 털면서 벼슬에 나아갈 준비를 하였다. 당시 사람들은 그들을 풍자하여, 「왕길이 벼슬을 하게 되니, 공우가 관의 먼지를 털면서 부임할 채비를 하네(世稱王陽在位 貢公彈冠)」라고 했다. 이것은 그들의 취사(取捨 : 쓰고 버림)가 같음을 말한 것이다.

30. 尺璧非寶 寸陰是競 尺璧非宝 寸阴是竞

(척벽비보 촌음시경)

❶			백 百	척 尺	간 竿	두 頭	
❷			완 完	벽 璧	귀 歸	조 趙	
❸		사 似	이 而	비 非			
❹	척 尺	벽 璧	비 非	보 寶			
❺				촌 寸	철 鐵	살 殺	인 人
❻			광 光	음 陰	여 如	전 箭	
❼	실 實	사 事	구 求	시 是			
❽	남 南	풍 風	불 不	경 競			

풀이

❶ 百尺竿頭(백척간두) 百尺竿头 일백 **百** 자 **尺** 대줄기 **竿** 머리 **頭**

「백척간두진일보(百尺竿頭進一步)」에서 나온 말이다.

백 자나 되는 높은 장대 위에 다다라 또 한 걸음 더 나아간다는 뜻으로, 이미 할 수 있는 일을 다 한 것인데 또 한 걸음 나아간다 함은, 더욱 노력하여 위로 향한다는 말이다.

어떤 목적이나 경지에 도달하였어도 거기서 멈추지 않고 더욱 노력함을 뜻하거나, 충분히 언사(言辭)를 다하였어도 더 나아가서 정묘(精妙)한 말을 추가함을 말한다. 자신의 나태함을 극복하기 위하여 스스로 극한상태에 올려놓고 정신의 긴장을 늦추지 말라는 뜻이다.

송나라 도원이 저술한 《경덕전등록(景德傳燈錄)》에 있는 당나라 때 고승(高僧) 장사(長沙) 스님의 말이다.

1척은 대략 30.3센티미터이므로 백 척이면 300미터 높이다. 이 높은 대나무 장대 끝에 서 있는 사람이 앞으로 한 걸음을 내디디면 새로운 세계가 보일 것이라는 의미다.

조선시대 거상으로 알려진 임상옥이 중국에 갔을 때 그가 팔려고 가져간 조선 인삼을 헐값에 사려고 상인들이 서로 담합해 구입하지 않고 간만 보고 있는 상황이 초래되었다.

난처해진 임상옥은 함께 갔던 추사 김정희(金正喜)에게 이 상황을 어떻게 극복하면 좋을지 의견을 물었다. 그러자 추사는 붓으로 「백척간두진일보(百尺竿頭進一步)」라는 일곱 자만 썼다. 여기에서 큰 깨달음을 얻은 임상옥은 중국 상인들이 보는 앞에서 인삼을 쌓아놓고 불을 질렸다. 이에 놀란 중국 상인들이 임상옥 앞에 엎드려 싹싹 빌어 결국 모두 제 값을 받고 팔 수 있었다는 고사로도 유명한 말이다.

❷ 完璧歸趙(완벽귀조) 完璧归赵 온전할 **完** 구슬 **璧** 돌아갈 **歸** 나라 **趙**

「구슬을 온전히 조나라로 돌려보내다」라는 뜻으로, 「완벽」의 벽(璧)은 고리 모양으로 다듬어 낸 질이 좋은 옥(玉), 따라서 「완벽」이란 티끌만한 흠도 없는 훌륭한 옥의 상태이며, 「벽(璧)을 온전히 함」이라는 뜻으로, 물건을 완전한 상태로 원래의 주인에게 돌려주는 것을 비유하는 말이다. 중국 전국시대의 보물 「화씨지벽(和氏之璧)」과 관련된 고사에서 유래되었다.

이 완벽이란 말을 처음으로 쓴 사람은 전국시대 말기 조(趙)나라의 인상여(藺相如)란 사람이었다. 《사기》 인상여열전에 있는 이야기다.

조나라 혜문왕은 당시 천하의 제일가는 보물로 알려져 있던 화씨벽(和氏璧)을 우연히 손에 넣게 되었다. 그러자 이 소문을 전해들은 진나라 소양왕(昭陽王)이 열다섯 개의 성(城)을 줄 테니 화씨벽과 맞바꾸자고 사신을 보내 청해 왔다. 진나라의 속셈은 뻔했다. 구슬을 먼저 받아 쥐고는 성은 주지 않을 작정이었다. 그러나 조나라로서는 그렇다고 이를 거절하면 거절한다고 진나라에서 트집을 잡을 것이 또한 분명했다.

이럴 수도 저럴 수도 없어 중신회의에서도 결론을 내리지 못하고 있을 때, 환자령(宦者令) 유현이 그의 식객으로 있는 인상여를 추천했다. 혜문왕은 인상여를 불러 대책을 물었다. 그러자 그는, 「조나라가 거절하면 책임은 조나라에 있고, 진나라가 속이면 책임은 진나라에 있습니다. 이를 승낙하여 책임을 진나라에 지우는 것이 옳을 줄 아옵니다」하고 대답했다.

「그럼 누구를 사신으로 보내면 좋을는지?」

「마땅한 사람이 없으면 신이 구슬을 가지고 가겠습니다. 성이 조나라로 들어오면 구슬을 진나라에 두고, 성이 들어오지 않으면 신은 구슬을 온전히 하여 조나라로 돌아올 것을 책임지고 말씀드리겠습니다(……城不入 臣請完璧歸趙)」

전국시대의 옥벽(玉璧 : 가운데가 뚫린 옥이 벽)

이리하여 상여는 화씨벽을 가지고 진나라로 가게 되었다.

소양왕은 구슬을 보고 크게 기뻐하며 좌우 시신들과 후궁의 미인들에게까지 돌려가며 구경을 시켰다. 인상여는 진왕이 성을 줄 생각이 없는 것을 눈치 채자 곧 앞으로 나아가, 「그 구슬에는 티가 있습니다. 신이 그것을 보여 드리겠습니다」하고 속여, 구슬을 받아 드는 순간 뒤로 물러나 기둥을 의지하고 서서 왕에게 말했다.

「조나라에서는 진나라를 의심하고 구슬을 주지 않으려 했었습니다. 그런 것을 신이 굳이 진나라 같은 대국이 신의를 지키지 않을 리 없다고 말하여 구슬을 가져오게 된 것입니다. 구슬을 보내기에 앞서 우리 임금께선 닷새를 재계(齋戒)를 했는데, 그것은 대국을 존경하는 뜻에서였습니다. 그런데 대왕께선 신을 진나라 신하와 같이 대하며 모든 예절이 정중하지 못했을 뿐만 아니라, 구슬을 받아 미인에게까지 보내 구경을 시키며 신을 희롱하셨습니다. 신이 생각하기에, 대왕께선 조나라에 성을 주실 생각이

인상여 묘

없으신 것 같습니다. 그러므로 신은 다시 구슬을 가져가겠습니다. 대왕께서 굳이 구슬을 강요하신다면 신의 머리는 이 구슬과 함께 기둥에 부딪치고 말 것입니다」

머리털이 거꾸로 하늘을 가리키며 인상여는 구슬을 들어 기둥을 향해 던질 기세를 취했다. 구슬이 깨어질까 겁이 난 소양왕은 급히 자신의 경솔했음을 사과하고 담당관을 불러 지도를 가리키며 여기서 여기까지 열다섯 성을 조나라에 넘겨주라고 지시했다. 그러나 모두가 연극이란 것을 알고 있는 인상여는 이번에는, 「대왕께서도 우리 임금과 같이 닷새 동안을 목욕재계한 다음 의식을 갖추어 천하의 보물을 받도록 하십시오. 그렇지 않으면 신은 감히 구슬을 올리지 못하겠습니다」

이리하여 진왕이 닷새를 기다리는 동안 인상여는 구슬을 심복 부하에게 주어 샛길로 조나라로 돌아가도록 했다. 감쪽같이 속은 진왕은 인상여를 죽이고도 싶었지만, 점점 나쁜 소문만 퍼질 것 같아 인상여를 후히 대접해 돌려보내고 말았다. 이리하여 인상여는 일약 대신의 지위에 오르게 되고, 뒤이어 조나라의 재상이 된다.

❸ 似而非 (사 이 비)

似而非　　같을 **似** 말 이을 **而** 아닐 **非**

겉으로 보면 같은데, 실상은 그것이 아닌 것이 「사이비(似而非)」다.

비슷한데 아니란 말이다.

「사이비란, 사람은 위선자(僞善者)요 사기꾼이다. 사이비란, 물건은 가짜요 모조품이다. 사이비란, 행동은 위선이요 가면이요 술책이다. 유사 종교니 유사품이니 하는 것도 다 사이비를 말한다. 이 세상을 어지럽게 만드는 것 중에 사이비가 차지하는 비중이 가장 클 것이다」

이것은 맹자의 말이다. 맹자는 제자 만장(萬章)과 이런 문답을 한다.

만장이 물었다.

「온 고을이 다 그를 원인(原人 : 점잖은 사람)이라고 하면, 어디를 가나 원인일 터인데, 공자께서 덕(德)의 도적이라고 하신 것은 무슨 까닭입니까?」

「비난을 하려 해도 비난할 것이 없고, 공격을 하려 해도 공격할 것이 없다. 시대의 흐름에 함께 휩쓸리며 더러운 세상과 호흡을 같이하여, 그의 태도는 충실하고 신의 있는 것 같으며, 그의 행동은 청렴하고 결백한 것 같다. 모든 사람들도 다 그를 좋아하고, 그 자신도 스스로 옳다고 생각하고 있다. 그러나 그와는 함께 참다운 성현의 길로는 들어갈 수가 없다. 그래서 덕의 도적이라고 말하는 것이다. 공자는 말씀하시기를, 『나는 같고도 아닌 것을 미워한다(惡似而非者)』 고 하였다. 가라지를 미워하는 것은 그것이 곡식을 어지럽게 할까 두려워함이요…… 향원(鄕原 : 사이비 지식인)을 미워하는 것은 그것이 덕을 어지럽게 할까 두려워함이다. 군자란 도덕의 근본 이치를 반복 실천할 따름이다. 세상에 아첨하는 법은 없다. 올바른 길을 행하면 민중들도 따라온다. 그렇게 되면 세상의 사악도 없어질 것이다」

이상의 문답은 《맹자》 진심편 하(下)에 기록되어 있다. 도덕교육을 주장하는 높으신 분이나 선생님들 가운데 「사이비한 자」 가 없으면

공자 묘

다행이겠다. 가짜가 횡행하게 되면 세상에는 진짜가 행세를 할 수 없게 된다. 가짜는 진짜의 적인 것이다.

《성경》에는 예수께서 가라지의 비유를 말씀하셨고, 예수도 가장 미워한 것이 거짓 예언자였다. 동서고금을 막론하고 이 사이비가 항상 말썽이다. 「사이비」를 분간할 수 있는 것은 오직 성자뿐이다.

❹ 尺璧非寶(척벽비보) 尺璧非宝 자 **尺** 구슬 **璧** 아닐 **非** 보배 **寶**

《천자문》에 있는 말이다.

「한 자 되는 구슬이 귀하게 여길 보배가 아니라, 한 치의 짧은 시간을 다투어 아껴야 한다(尺璧非寶 寸陰是競)」

우(禹)임금은 순(舜)임금의 신하로, 왕위를 물려받아 중국 고대 최초의 왕조인 하(夏)나라를 세웠다. 하나라 때부터 중국에서는 신하가 아닌 자식에게 왕위를 물려주는 전통이 생겼다. 우임금이 순임금으로부터 왕위를 물려받을 수 있었던 것은, 그가 홍수를 다스리는 치수(治水)에 성공시켰기 때문이다.

《진서(晋書)》 도간전(陶侃傳)에, 「도간이 항상 남에게 말하기를, 대우(大禹)는 성인이면서도 촌음(寸陰)을 아꼈으니, 보통사람으로서는 한

푼의 짧은 시간도 마땅히 아껴야 한다」고 했다.

또 《맹자》 이루(離婁)편에도,

「우(禹)와 직(稷)은 태평성대에도 세 번이나 자기 집 문 앞을 지나면서 들어가지 않았는데, 공자께서는 이를 현명하다고 여기셨다(禹稷當平世 三過其門而不入 孔子賢之)」라는 말이 있다. 직(稷)은 순임금의 신하로 농사를 맡은 사람. 이름은 기(夔). 주(周) 나라의 시조이다.

우임금은 햇빛이 한 치쯤 옮겨가는 것도 아낄 정도였으니 참으로 부지런히 살았다는 말이다.

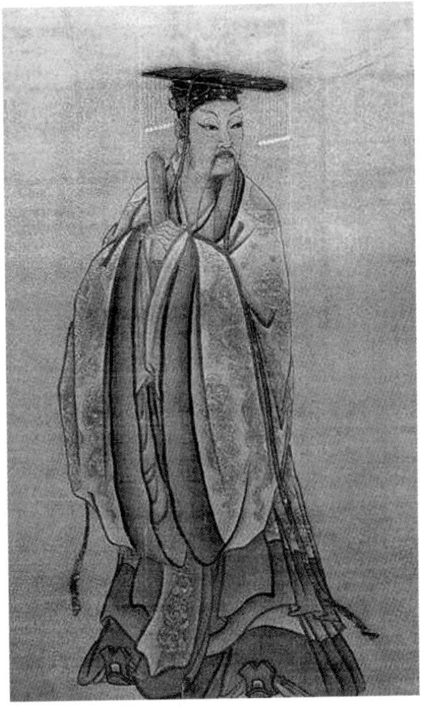

우임금

❺ 寸鐵殺人 (촌철살인) 寸铁杀人 마디 **寸** 쇠 **鐵** 죽일 **殺** 사람 **人**

간단한 경구로 어떤 일의 급소를 찔러 사람을 감동시킴의 비유.

「촌철」은 한 치밖에 안 되는 쇠란 말로, 주머니칼 같은 작은 것을 가리켜서 하는 말이다. 「촌철도 몸에 지니지 않았다(身無寸鐵)」든가, 「촌철살인」이라고 할 때는 극히 작은 무기를 뜻한다.

이 「촌철살인」의 어원이 된 것은 남동(南東)의 나대경(羅大經)이 지은 《학림옥로》에서 볼 수 있다. 이 책은 천・지・인 3부로 나뉘어져 있는 전체 18권으로 된 책이다. 지부의 제7권 「살인 수단」이란 제목 아래 다음과 같이 씌어 있다.

「종고선사(宗皐禪師)가 선(禪)에 대해서 말했다. 『비유하면 사람이 수레에 무기를 싣고 와서, 이것도 꺼내 써 보고 저것도 꺼내 써 보는 것은 올바른 살인수단이 되지 못한다. 나는 오직 촌철이 있을 뿐, 그것으로 사람을 당장 죽일 수 있다(我則只有寸鐵 便可殺人)』」

종고는 북송 임제종의 선승(禪僧)으로 대혜선사라 불렸다. 그가 여기서 말한 살인은 사람의 마음속을 점령하고 있는 속된 생각을 완전히 쫓아 없애는 것을 말한 것이다. 그 속된 생각을 성급하게 없애려 하여 이런 방법 저런 방법을 쓰는 것은 모두 서툰 수작이다. 내게는 오직 한 가지만을 깊이 생각하여 번쩍 하고 깨치는 순간 모든 잡념이 달아나게 된다는 뜻이다.

❻ 光陰如箭(광음여전) 光阴如箭 빛 **光** 응달 **陰** 같을 **如** 화살 **箭**

세월의 흐름이 화살과 같이 빠르고 다시 돌아오지 않음. 광음은 세월의 뜻. 비 광음유수(光陰流水).

❼ 實事求是(실사구시) 实事求是 사실 **實** 일 **事** 구할 **求** 옳을 **是**

사실에 토대하여 진리를 탐구하는 일.

실사(實事)는 진실된 사실을 말한다. 구시(求是)는 올바른 것을 찾는다는 뜻이다. 즉 눈으로 보고 귀로 듣고, 손으로 만져보는 것과 같은 실험과 연구를 거쳐, 누구도 부정하거나 부인할 수 없는 객관적 사실을 통해 정확한 판단, 정확한 해답을 얻는 것이 「실사구시」다.

이것은 《한서》 하간헌왕덕전에 나오는 「학문을 닦아 옛것을 좋아하며, 일을 실상되게 하여 옳은 것을 찾는다(修學好古 實事求是)」는 말의 뒷부분을 따다 새로운 의미를 담은 학문하는 태도로 삼은 것이 실사구시 운동이다.

대진 공원(公園)

이 실사구시 운동은 청조(淸朝) 전기의 고증학을 표방하는 학자들에 의해 시작되었고, 그 중심인물은 대진(戴震)이었다. 대진은 말하기를, 「학자는 마땅히 남의 것으로 자신을 가리지 말고, 내 것으로 남을 가리지 말아야 한다」고 했고, 같은 계통의 학자인 능정감(凌廷堪)은 또 말하기를, 「진실된 사실 앞에서는, 내가 옳다고 말하는 것을 남이 억지말로 이를 그르다고 할 수 없고, 내가 옳지 않다고 하는 것을 남이 억지소리로 이를 옳다고 하지 못한다」고 했다.

쉽게 말해서 「실사구시」는 과학적인 학문태도를 말하는 것이다. 이리하여 이론보다 사실을, 우리의 생활과 거리가 먼 공리공론을 떠나 우리의 실생활을 유익하게 하는 실학(實學)이란 학파를 낳게 된 것이다.

❽ 南風不競 (남풍불경)

南风不竞 남녘 **南** 바람 **風** 아니 **不** 겨룰 **競**

중국 남쪽의 음악(音樂 : 南風)은 음조(音調)가 미약하고 활기가 없다는 뜻으로, 대체로 세력이 크게 떨치지 못함을 이르는 말이다.

《좌전》 양공편(襄公篇)에 있는 말이다.

춘추시대 말엽, 노양공(魯襄公) 18년(BC 555)에 진(晋)을 중심으로 노나라 · 위(衛)나라 · 정(鄭)나라의 연합군이 제(齊)나라를 공격했다. 이때 정나라에서는 군대를 출정시키면서 자공(子孔)과 자전(子展) · 자장(子張) 등을 남겨놓아 방비를 하도록 했다. 정(鄭)의 자공은 야심에 불타고 있었다. 그의 야심에 방해자가 되는 여러 대부들을 제거하고 정권을 장악하려고 꾀하고 있던 참이었다.

당시 제후는 진(晋)을 맹주로 삼고, 대두해온 제(齊)에 대한 토벌군을 일으켜 착착 그 포위진을 압축시키고 있었다. 그래서 그 틈을 타 자공은 진(晋)에 반기를 들고 남쪽의 명문인 초(楚)의 영윤(令尹) 자경(子庚)에게 보내 그 뜻을 알렸으나 자경은 들어주지 않았다. 그런데 초강왕(楚康王)이 그 소식을 듣고 자경에게 사람을 보내 일렀다.

「내가 사직(社稷)을 맡아서 지킨 지 5년이 되어 가지만, 아직 외국에 군대를 파견한 예가 없소. 국민들은 나를 가리켜 스스로 안일(安逸)에 젖어서 선군(先君)의 유업을 잊었다고 생각할는지 모릅니다. 영윤께서 다시 생각해 주기 바라오」

오로지 국가의 이익만을 걱정하고 있는 자경은 그 말을 듣고 깊이 탄식했으나, 임금의 명령이고 보니 하는 수 없이 군대를 파견하기로 하는데 거기에 단서를 달았다.

「현재 여러 제후들은 진(晋)에게 쏠리고 있습니다만, 여하튼 한번 부딪쳐 보기는 하겠습니다. 잘 된다면 주상께서도 나서 주십시오. 잘 되지 않을 때에는 군대를 회군하도록 하십시오. 그렇게 하면 손해도 없고 주상의 치욕이 되지도 않을 것입니다」

자경은 군대를 이끌고 정(鄭)으로 출격했다. 그러나 이미 자공의 야심을 눈치 챈 정나라의 자전과 자장이 수비를 강화해 두었기 때문에 목적을 달성할 수가 없었다. 자경의 군대는 각지를 전전해서 침략을 계속했으나 성하(城下)에는 겨우 이틀 동안 주둔했다가 철수해야 할 형편이었다. 어치산 기슭을 지날 무렵 큰 비를 만나고 추운 겨울이라 인마는 꽁꽁 얼어 군대는 거의 전멸 상태에 빠지고 말았다.

진(晋)나라에서도 초군이 출동했다는 소문은 퍼지고 있었다. 그러나 사광(師曠 : 진나라의 악관樂官)이 말하기를,

「뭐 대단한 일은 없을 것이다. 나는 전부터 남방의 노래, 북방의 노래를 연구했는데 남방의 음조는 미약해서 조금도 생기가 없다. 초군은 반드시 실패할 것이다(不害 吾驟歌北風 又歌南風 南風不競 多死聲 楚必無功)」라고 했다.

동숙(董叔 : 역수가)도, 「금년 운수 이 달의 운 역시 서북방에 유리하다. 남군은 때를 얻지 못하고 있다. 반드시 성공을 거두지 못할 것이다」

숙향(叔向 : 정치가)도, 「모든 것은 임금의 덕에 의하는 것이다」 세 사람이 다 같은 예언을 한 셈이다. 「남풍불경」은 남쪽나라의 세력이 떨치지 못한다는 뜻으로, 초나라는 국민의 기풍(氣風)이 저조한 데다 천기(天機)를 얻지 못하였으며, 왕의 자질 부족과 정황 판단의 나약성 등을 드러내고 있어 일반적으로 세력이 크게 떨치지 못할 때 잘 쓰는 말이다.

31. 資父事君 曰嚴與敬 资父事君 曰严与敬

(자부사군 왈엄여경)

❶	자부사군	資父事君
❷	어부지리	漁父之利
❸	사반공배	事半功倍
❹	양상군자	梁上君子
❺	하필왈리	何必曰利
❻	엄처시하	嚴妻侍下
❼	생살여탈	生殺與奪
❽	경이원지	敬而遠之

풀이

❶ 資父事君 (자 부 사 군)

资父事君 밑천 **資** 아비 **父** 섬길 **事** 임금 **君**

부모 섬기는 것을 바탕삼아 임금을 섬긴다.

《천자문》에 있는 말이다.

「부모 섬기는 것을 바탕삼아 임금을 섬기니, 이것을 엄숙함과 공경함이라 이른다(資父事君 曰嚴與敬)」

공자와 그 제자인 증자(曾子 : 증삼)의 문답 가운데 효(孝)에 관한 내용을 간추려 기록한 책 《효경(孝經)》에 있는 말이다.

「아비 섬기는 마음을 바탕으로 임금을 섬긴다(資於事父 以事君)」

증 삼

《효경》 가운데 「선비의 효도」에 나오는 내용이다. 《효경》은 천자의 효도, 제후의 효도, 공경대부(公卿大夫)의 효도, 선비의 효도 그리고 일반 백성의 효도로 나누어 다루고 있다.

또한 후한(後漢)의 반고(班固)가 편찬한 《백호통의(白虎通義)》에 있는 말이다.

「부자 사이에 있어서 아비는 법이니 법도로 자식을 가르치고, 자식은 부모가 낳아서 길러주었으니 제 몸이 따로 있을 수 없다」

부모를 섬기는 마음으로 임금을 섬기고, 섬길 때는 엄격하게, 공경을 다하여 섬기라는 말이다. 곧 「군사부일체(君師父一體)」이므로 섬기는 도리도 같다는 말이다.

❷ 漁父之利 (어부지리)

漁父之利 고기잡을 **漁** 지아비 **父** 의 **之** 이로울 **利**

쌍방이 싸우는 틈을 타서 제삼자가 애쓰지 않고 가로챈 이득.

「어부지리」란 말의 유래만큼 널리 알려져 있는 이야기도 드물 것이다. 이야기가 통속적이고 비유가 아주 적절하기 때문일 것이다.

《전국책》 연책(燕策)에 있는 이야기다.

전국시대의 연(燕)나라는 중국 북동부에 위치하여, 서쪽은 조(趙)에, 남쪽은 제(齊)와 접하고 있었으므로 끊임없이 이 두 나라의 위협을 받고 있었다. 연의 소왕(昭王)이라 하면 악의(樂毅)를 장군으로 제나라를 공격한 이야기로 유명하지만, 조나라에 대해서는 경계를 게을리 하지 않았다.

어느 때인가 조나라가 연나라의 기근을 기화로 호시탐탐 침략하려고 노리고 있었다. 소왕은 많은 병력을 제나라로 보내 놓은 터라, 조나라와 일을 벌이고 싶지 않았다. 그래서 소대(蘇代)에게 부탁해 조왕을 설득해 보기로 했다.

소대는 합종책으로 유명한 소진(蘇秦)의 동생으로 형이 죽은 후, 그 종횡가(縱橫家)로서의 사업을 잇기 위해 연왕 쾌(噲 : 소왕의 아버지)에게 교묘히 접근해서 소왕의 세상이 된 후까지도 제(齊)에 머물러 있으면서 여러 모로 연(燕)을 위해 힘을 쓴 사나이다. 그는 소진만큼 큰일은 하지 못했으나 그 동생답게 세 치 혀를 놀려 갖은 책략을 꾸며냈다. 이때도 조나라 혜문왕(惠文王, 재위 BC 299~266)을 찾아가 왕을 달래서 이렇게 말했다.

「이번에 제가 이리로 올 때 역수(易水)를 건너오게 되었습니다. 때마침 민물조개(蚌)가 물가로 나와 입을 벌리고 햇볕을 쬐고 있는데, 물새(鷸)란 놈이 지나가다가 조개를 보고 쪼아 먹으려 하지 않았겠습니까. 조개란 놈이 깜짝 놀라 입을 오므리자, 물새는 그만 주둥이를 꽉 물리고 말았습니다. 그러자 물새가 말했습니다. 『오늘도 내일도 비만 오지 않으면 그때는 바짝 말라죽은 조개를 보게 될 것이다』 조개는 조개대로 또, 『오늘도 열어 주지 않고, 내일도 열어 주지 않으면 그때는 죽은 물새를 보게 될 것이다』하며 서로 버티고 있었습니다. 그때 마침 지나가던 어부가 이 광경을 보고 새와 조개를 함께 잡아넣고 말았습니다. 지금 조나라가 연나라를 치려하고 있는데, 연나라와 조나라가 서로 오래 버티며 백성들을 지치게 만들면, 저는 강한 진나라가 어부가 될 것을 염려하지 않을 수 없습니다. 그러므로 대왕께서 깊이 생각하신 뒤에 일을 결정하시기 바랍니다」

방휼상쟁(蚌鷸相爭)

소대의 비유를 들은 혜문왕은,

「과연 그렇겠소」하고 고개를 끄덕이고는 곧 연나라를 칠 계획을 그만두고 말았다.

여기에서 두 사람이 맞붙어 싸우는 바람에 엉뚱한 제삼자가 덕을 보는 경우를 「어부지리」라 하고, 서로 맞붙어 버티며 양보하기 어려운 형편에 있는 것을 가리켜 「방휼지세(蚌鷸之勢)」라 한다.

❸ 事半功倍 (사반공배) 事半功倍 일 **事** 반 **半** 공 **功** 곱(더)할 **倍**

작은 힘을 기울이고도 얻는 성과가 큼.

「일은 반밖에 하지 않았지만, 공은 배나 된다」는 뜻으로, 노력을 조금밖에 하지 않았는데도 얻는 성과는 아주 큼을 비유하여 이르는 말이다.

《맹자》 공손추상에 있는 이야기다.

맹 자

제(齊)나라 출신의 제자 공손추가 춘추시대 제나라의 재상 관중(管仲)과 안자(晏嬰)의 공적을 치켜세우며, 맹자 역시 제나라의 요직을 맡는다면, 그런 공적을 이룰 수 있는지를 맹자에게 물었다.

맹자는, 천리가 넘는 땅을 차지하고 있는 제나라에서는 어진 정치를 펴는 것이 손바닥 뒤집는 것처럼 쉬운 일임에도 관중과 안자는 그렇게 하지 못하였으니, 어찌 자신과 비교할 수 있느냐고 꾸짖고 다음과 같이 말하였다.

「지금과 같은 때를 맞아 만 승의 나라에서 어진 정치를 행한다면, 백성들은 그것을 기뻐할 것이니, 마치 거꾸로 매달렸다가 풀려난 것과 같을 것이다. 일은 옛 사람이 한 것의 반만 하고도 공은 결국 곱절이 될 것이니, 오로지 지금만이 그렇게 할 수 있는 때다(當今之時 萬乘之國 行仁政 民之悅之 猶解倒懸也 故事半古之人 功必倍之 惟此時爲然)」

관중 기념관

만 승(萬乘)은 1만 채의 수레를 갖춘 천자의 나라를 뜻한다. 「사반공배」는 위의 「고사반고지인 공필배지(故事半古之人 功必倍之)」에서 나온 말이다.

맹자는, 제나라가 만 승의 나라로서 어진 정치만 편다면 옛날 문왕이 이룩하였던 패업을 손쉽게 이룩할 수 있으니, 이를 일러 수고는 옛 사람이 한 것의 반만 하더라도 그 공은 곱절이 될 것이라고 말한 것이다.

사반공배의 반대말로는 「사배공반(事倍功半)」이란 말이 있다.

❹ 梁上君子 (양상군자)

梁上君子 대들보 **梁** 위 **上** 임금 **君** 아들 **子**

들보 위의 군자란 뜻이다. 도둑을 가리켜 하는 말로 아주 재미있는 말이다. 도둑을 일컫는 말. 또는 천정의 쥐를 재미있게 표현한 말로도 쓰인다. 어째서 도둑을 들보 위의 군자라고 했을까?

진식 부자(서호공원)

후한 말, 진식(陳寔)이란 사람은 학식이 풍부하고 성질이 온화한데다가, 청렴하고 결백해서 모든 사람들로부터 존경을 받았다. 그가 태구현(太丘縣)의 장관으로 있을 때 일이다. 그의 어질고 청렴한 정치로 고을 사람들은 편한 생활을 즐기고 있었다.

그런데 어느 해는 흉년이 들어 많은 사람들이 먹을 것이 없어 고통을 겪고 있었다. 그러던 어느 날 밤, 도둑이 진식의 방으로 들어와 천정 들보 위에 웅크리고 앉아 기회를 엿보고 있었다. 그것을 가만히 보고 있던 진식은 곧 의관을 바로잡고 아들과 손자들을 불러들여 그들을 이렇게 훈계했다.

「대저 사람이란 자기 스스로 노력하지 않으면 안된다. 착하지 못한 일을 하는 사람도 반드시 처음부터 악한 사람은 아니었다. 평소의 잘못된 버릇이 그만 성격으로 변해 나쁜 일을 하게 되는 것이다. 저 들보 위의 군자(梁上君子)가 바로 그러하다」

도둑은 이 말에 깜짝 놀라 얼른 뛰어내려와 이마를 조아리며 죽여 달라고 사죄를 했다. 진식은 조용히 이렇게 타일렀다.

「내 그대의 얼굴을 보아하니, 나쁜 사람 같지는 않아 보인다. 깊이 반성하여 자기 마음을 이겨내면 착한 사람이 될 것이다. 그러나 이것이 다 가난한 탓일 것이다」

그리고는 그 도둑에게 비단 두 필까지 주고 죄를 용서해 돌려보냈다. 이 일이 널리 알려지자, 고을 안에 도둑질하는 사람이 한 사람도 없게 되었다고 한다. 우리가 지금 들어도 감격하지 않을 수 없는 일이다.

진식 공원

그런데 그 후로 어느 짓궂은 사람이 쥐를 가리켜서 「양상군자」라 하게 되었다. 그리고 군자(君子)라는 표현도 다소 풍자적이어서 오히려 그것이 맘에 들었는지 후세에 곧잘 쓰이게 되었다. 진식은 진심으로 말하였는지도 모르지만.

그는 사람의 사정을 잘 이해해주는 사람이었다. 젊어서부터 현(縣)의 관리가 되어 잡역을 하면서도 언제나 책을 손에서 놓지 않았다. 그것을 인정받아 태학(太學)에서의 수학을 허락받았다. 한때는 살인 혐의를 받아 구금당한 적도 있다. 물론 죄가 없어 석방은 되었으나, 그가 나중에 순찰관(巡察官)이 되었을 때 자기를 체포했던 자를 찾아 오히려 그를 채용했다고 한다.

그 무렵은 궁중의 환관이 전횡하여 유교를 신봉하는 관료와 심하게 다투어 이것을 탄압한 소위 「당고(黨錮)의 금(禁)」이 있었던 때였다.

진식도 그 탄압으로 체포되었다. 소식을 듣고 다른 사람들은 다 도망쳤으나, 그는 「나까지 도망치면 백성들은 누구를 믿고 살겠는가」 하며 기꺼이 포박되었다고 한다. 후에 당고가 풀렸을 때 대사마(大司馬)인 하진(何進) 등이 중앙에 나와 벼슬하기를 권했으나 끝까지 거절했다. 84세로 그가 죽었을 때 온 나라 안에서 그를 제사지내는 자가 3만이 넘었다고 한다.

⑤ 何必曰利 (하필왈리)

何必曰利 어찌 **何** 반드시 **必** 이를 **曰** 이로울 **利**

「하필이면 왜 이익이 되는 것만을 말하느냐」 라는 뜻이다. 하필이란 말도 이 말에서 나온 말인데, 「하필」 의 원뜻인 「어찌 반드시」 란 이상의 실감을 주는 우리말이 되었다.

《맹자》 첫 장에 있는 말로 맹자의 모든 사상이 이 네 글자에서부터 출발된다고 해도 과언이 아니다. 맹자가 양혜왕의 초청을 받아 처음 혜왕을 만났을 때다. 혜왕은 인사말 겸, 「천 리를 멀다 하지 않고 와주셨으니 장차 우리나라를 이롭게 해주시겠습니까?」 하고 물었다.

그러자 맹자는, 「왕께서는 하필 이(利)를 말씀하십니까? 다만 인의가 있을 뿐입니다(王何必曰利? 亦有仁義而已矣)」 하고 전제한 다음, 「……만 승(乘)의 나라에서 그 임금을 죽이는 사람은 언제나 천 승의 녹을 받는 대신 집이요, 천 승 나라에서 그 임금을 죽이는 사람은 언제나 백 승의 녹을 받는 대신 집입니다. 만에서 천을 받고, 천에서 백을 받는 것이 많지 않은 것이 아니지만, 참으로 의(義)를 뒤로 하고 이(利)를 먼저 하면 빼앗지 않고서는 만족하지 못하는 법입니다」

이익만을 추구해서는 나라가 올바로 될 수 없는 이치를 말한 것이다. 그리고 끝에 가서 다시 한 번, 「왕께서는 역시 인의를 말씀하셔야 할 터인데 하필 이를 말씀하십니까」 하고 거듭 강조하고 있다.

맹자와 양혜왕

지금은 이 말이 꼭 이익에 관한 것이 아니라도 「더 좋은 말이 있을 텐데 왜 하필 그런 말을 하느냐」 하는 뜻으로 널리 쓰이고 있다. 「하필」이란 말에 보다 강한 뜻이 풍기기 때문일 것이다.

❻ 嚴妻侍下 (엄처시하) 严妻侍下 엄할 **嚴** 아내 **妻** 모실 **侍** 아래 **下**

엄한 아내 아래에 아내를 모시며 살아가는 남편.

아내에게 쥐어 사는 남편을 비웃는 듯한 표현이다. 이런 경우가 얼마나 이례적이었으면 이런 표현이 생겨났겠는가? 옛날에 대부분의 아내들은 엄한 남편 밑에서 숨죽이고 살아갔다는 말이다.

❼ 生殺與奪 (생살여탈) 生杀与夺 살 **生** 죽일 **殺** 줄 **與** 빼앗을 **奪**

살리기도 하고 죽이기도 하고, 주기도 하고 빼앗기도 한다는 뜻으로,

남의 목숨이나 재물을 마음대로 한다는 말.

《한비자(韓非子)》 삼수편(三守篇)에 있는 이야기다.

한비자

춘추전국시대 말 한(韓)나라의 공자로 순자(荀子)에게 배운 사상가이자 법가 학파를 대표하는 인물인 한비자의 말이다.

「신하를 감독하는 수고를 꺼려 신하를 죽이기도 하고 살리기도 하는 기회나, 관직을 주거나 빼앗는 권리(生殺與奪權)를 중신에게 위임하는 군주는 결국 지배자의 지위를 빼앗기게 된다」

흔히 「생사여탈권(生死與奪權)」이라고 쓰는 수가 있는데 잘못된 표현이다.

생살여탈은 한비자가 독재적인 군주제를 주창한 말에서 유래하며, 한비자는 군주가 전횡적인 권리를 휘둘러야 한다고 주장한 것이다. 한비자는 진(秦)나라의 시황제에게 큰 영향을 끼친 법가 사상가인데, 눌변인 반면 두뇌가 명석하여 이사(李斯)가 도저히 따라갈 수 없었다.

이사는 시황제가 한비자를 보자 기뻐하는 것을 알고 이를 못마땅하게 여겨 시황제에게 참언하여 한비를 옥에 가두게 하였다. 이후 한비자는 자살하였다. 한비자의 법가사상은 인정을 무시하는 냉혹하고 잔인한 술책이라는 비난을 받았다.

한비자를 한 번만이라도 볼 수 있으면 죽어도 여한이 없다고 했던 진

시황과, 동문수학한 이사는 한비를 죽였지만 그의 사상은 고스란히 접수하여 날로 커져가는 그들의 제국을 통치하는 데 한껏 활용했다.

❽ 敬而遠之(경이원지) 敬而远之 공경할 **敬** 말이을 **而** 멀리할 **遠** 갈 **之**

이 말은 여러 가지 의미로 쓰이고 있다. 존경은 하면서도 가까이하기를 꺼리는 그런 뜻으로도 쓰이고, 겉으로는 존경하는 체하면서 속으로는 못마땅해 하는 뜻으로도 쓰인다.

또 「그 사람은 경원해야 할 사람이야」 했을 경우, 그는 겉 다르고 속 다른 엉큼한 성격의 소유자라는 것을 암시하게 된다.

《논어》 옹야편에 있는 공자의 말이다.

공자의 제자 번지(樊遲)가 「지(知)」란 무엇인가고 묻자, 공자는,

「백성의 도리(義)를 힘쓰고, 귀신을 공경하고 멀리하면 지(知)라 말할 수 있다(務民之義 敬鬼神而遠之 可謂知矣)」라고 대답했다.

백성의 도리란 곧 사람의 도리를 말하는 것이다. 공자는 똑같은 물음에 대해서도 상대방에 따라 각각 다른 대답을 하는 것이 보통이었는데, 대개는 상대방의 잘못을 시정하기 위한 처방과 같은 것이었다.

「지(知)」는 지혜도 될 수 있고, 지식도 될 수 있고, 지각도 될 수 있다. 그러나 여기서는 역시 우리말의 「앎」 즉 옳게 알고 옳게 깨달은 참다운 앎이란 어떤 것입니까? 하고 물은 것으로 생각된다.

그런데 세상에는 흔히 보통 사람들이 이해할 수 있는 올바른 지식보다는 잘 믿어지지 않는 미묘한 존재나 이치 같은 것을 앎의 대상으로 삼는 경우가 많다. 공자 당시에도 그런 폐단이 많았고, 번지 역시 그런

데 관심을 가지고 물은 질문이었을지 모른다.

그래서 공자는 「사람이 마땅히 해야 할 도리를 실천하는 데 힘을 기울이고 귀신의 힘을 빌려 복을 구하고 화를 물리치는 어리석은 짓은 하지 않는 것이 아는 사람의 올바른 삶의 자세다」 하고 대답했던 것이다.

번 지

어느 나라든 안정된 기반을 다지기 위해서는 반드시 정신적인 통일이 있어야만 한다. 그래서 나라마다 국교(國教)라는 것을 정하게 되었다. 그러나 불교로 정신통일을 가져왔던 나라는 불교로 인해 망하고, 유교로 정신통일을 이룩한 시대는 유교로 인해 세상이 침체되는 결과를 가져오곤 했다.

종교의 기반을 이루는 건전한 철학이나 사상이 차츰 그것과는 반대되는 교리나 행사로 변질되어 사람이 해야 할 도리는 하지 않고, 지나치게 신에 매달리려는 어리석은 인간으로 타락해 버리기 때문이다.

《논어》 팔일편(八佾篇)에 보면, 공자는 조상의 제사를 지낼 때면 정말 조상이 앞에 있는 것처럼 했고, 조상 이외의 신에게 제사를 드릴 때는 정말 신이 있는 것처럼 했다고 했다.

그러나 공자는 감사의 제사는 드렸어도 복을 빌기 위한 제사는 드리지 않았다. 그것은 귀신을 공경하는 것이 아니라 보채는 것이 되기 때문이다. 귀신을 멀리하라는 것은 잘 되게 해달라고 빌지 말라는 것이다.

《논어》 술이편에 보면, 공자가 오랫동안 병으로 누워 있자, 제자 자로(子路)가 신명에게 기도를 드리고 싶다면서 허락해 줄 것을 간청했다.

그러자 공자는, 「내가 기도한 지 이미 오래다(丘之禱久矣)」라고 대답하며 이를 못하게 했다. 예수도 말했듯이, 하나님은 이미 우리가 기도하기 전에 우리가 바라는 것을 알고 계시기 때문에 새삼 중언부언 매달리는 것은 하나님을 인간이나 똑같이 대하는 불손한 행동이다.

자 로

사람의 할 일을 묵묵히 실천하면 하늘을 원망하지 않고 사람을 허물하지 않는 것이 가장 하나님을 기쁘게 하는 길인 것이다.

공자가 말한 기도한 지 오래란 뜻은, 성자의 일상생활 그 자체가 하나의 기도가 된다는 것을 말한 것이다.

32. 孝當竭力 忠則盡命 (효당갈력 충즉진명) 孝当竭力 忠则尽命

❶ 反哺之孝 (반포지효)

❷ 老當益壯 (노당익장)

❸ 竭澤而漁 (갈택이어)

❹ 群策群力 (군책군력)

❺ 忠言逆耳 (충언역이)

❻ 聞過則喜 (문과즉희)

❼ 一網打盡 (일망타진)

❽ 佳人薄命 (가인박명)

풀이

❶ 反哺之孝 (반포지효)

反哺之孝 돌이킬 **反** 먹일 **哺** 어조사 **之** 효도 **孝**

까마귀가 다 자란 뒤에는 늙은 어미 새에게 먹을 것을 물어다 준다는 뜻으로, 자식이 커서 어버이의 은혜에 보답하는 효성. 어버이의 은혜에 대한 자식의 지극한 효도를 이르는 말이다.

이밀(李密)은 진(晉) 무제(武帝)가 자신에게 높은 관직을 내리지만 연로한 할머니를 봉양하기 위해 관직을 사양한다. 무제는 이밀의 관직 사양을 불사이군(不事二君)의 심정이라고 크게 화내면서 서릿발 같은 명령을 내린다. 그러자 이밀은 자신을 까마귀에 비유하면서 이런 글을 무제에게 올렸다. 그것이 유명한 「진정표(陳情表)」이다.

「까마귀가 어미 새의 은혜에 보답하려는 마음으로 할머니가 돌아가시는 날까지만 봉양하게 해주십시오(烏鳥私情 願乞終養)」

까치나 까마귀에 대한 인식은 중국이나 우리나라나 거의 같다. 보통 까마귀는 불길(不吉)의 대명사로 인식하고 있지만, 인간이 반드시 본받아야 할 간과할 수 없는 습성도 있다.

명(明)나라 말기 박물학자 이시진(李時珍)의 《본초강목》에 까마귀의 습성에 대한 다음과 같은 내용이 실려 있다.

까마귀는 부화한 지 60일 동안은 어미가 새끼에게 먹이를 물어다 주지만, 이후 새끼가 다 자라면 먹이사냥에 힘이 부친 어미를 먹여 살린다고 한다. 그리하여 이 까마귀를 자오(慈烏 : 인자한 까마귀) 또는 반포조(反哺鳥)라고 한다. 곧 까마귀가 어미를 되먹이는 습성을 반포(反哺)라고 하는데, 이는 극진한 효도를 의미하기도 한다. 이런 연유로 「반포

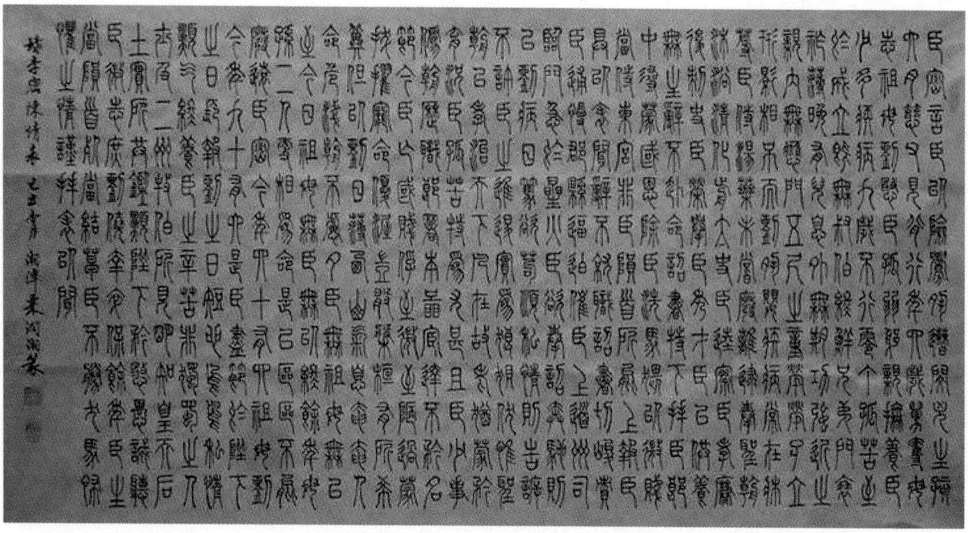

이밀의 「진정표」 전각(篆刻)

지효」는 어버이의 은혜에 대한 자식의 지극한 효도를 뜻한다.

여기서 「까마귀의 사사로운 정」이라는 뜻으로, 까마귀가 자라서 길러준 늙은 어미에게 먹이를 물어다 먹여 은혜를 갚는 것과 마찬가지로 부모를 섬기는 자식의 지극한 효심을 비유하는 성어인 「오조사정(烏鳥私情)」이 생겨났다.

❷ 노당익장 老當益壯 老当益壮 늙을 **老** 당할 **當** 더할 **益** 씩씩할 **壯**

늙어서 더욱 왕성하다는 말로, 나이가 들었어도 결코 젊은이다운 패기가 변하지 않고 오히려 굳건함을 형용하는 말이다.

후한 광무제(光武帝) 때의 명장 마원(馬援)은 어려서부터 큰 뜻을 품고 글을 배우고 예절을 익혔으며 무예에도 정통하여, 그의 맏형 마황(馬況)은 그를 대기만성할 것이라고 말했다. 그의 형이 젊은 나이로 죽자 마원은 장례를 정중히 치른 후 예를 다하여 형수를 받들었다.

그 뒤 마원이 부풍군(扶風郡) 독우관(督郵官 : 감찰관)이란 벼슬에 있을 때 명을 받들어 많은 죄수들을 압송하게 되었다. 그러나 도중에 죄수들이 고통에 못 이겨 애통하게 부르짖는 것을 보고는 동정심이 우러나 모두 풀어주어 제각기 제 살 길을 찾아가도록 하고 자신도 북방으로 달아났다.

복파장군 마원

마원은 북방으로 가서 소, 말, 양 등 가축을 방목하면서 지냈다. 부지런하고 수완이 좋은 그는 수년간 정성껏 가축을 길러 그 규모가 수천 두에까지 이르렀다. 생활이 윤택해지고 많은 돈을 벌게 되자, 가까운 친구나 이웃사람들에게 모은 재산을 나눠주었고, 자기는 오히려 해진 양가죽 옷을 걸치고 소박한 식사를 하는 등 근검한 생활을 했다. 그는 항시 친구들에게 말했다.

「대장부라는 자는 뜻을 품었으면 어려울수록 굳세어야 하며, 늙을수록 건장해야 한다(大丈夫爲者 窮當益堅 老當益壯)」

그리고 또 「가멸차더라도 사람에게 베풀지 않으면 수전노일 뿐이다」라고 말했다.

세상이 혼란스럽게 되자, 마원은 평범한 삶을 버리고 농서(隴西)의 외효(隗囂) 밑으로 들어가 대장이 되었다. 외효는 공손술(公孫述)과 손을 잡

광무제 유수

기 위해 마원을 그곳으로 파견했다. 마원은 공손술의 오만한 행동에 크게 실망하고 의례적인 인사만을 하고는 곧장 돌아왔다. 그 뒤 마원은 광무제를 만나게 된다. 광무제는 마원을 만나자 예를 다해 대접하였으며, 각 부서를 안내하며 조언할 말이 있는지 물었다.

마원은 광무제의 후한 대접에 감동되어 외효에게 돌아가지 않고 그의 휘하에 있기로 결심하였다. 광무제는 마원을 복파장군(僕波將軍)에 임명하여 남방의 교지(交趾 : 지금의 베트남 북부) 평정에 성공한다.

얼마 뒤 동정호 일대의 만족(蠻族)이 반란을 일으키자, 광무제가 군대를 파견했으나 전멸했다. 이 소식을 들은 마원이 자신에게 군대를 달라고 청했다. 광무제는 그가 너무 늙었으므로 주저하자, 마원은 이렇게 말했다.

「소신의 나이 비록 예순두 살이나 갑옷을 입고 말도 탈 수 있으니 어찌 늙었다고 할 수 있습니까?」

그리고는 말에 안장을 채우고 훌쩍 뛰어올랐다. 광무제는 미소를 지으며, 「훌륭하도다!」 하며 출정을 허락하였다. 결국 마원은 군대를 이끌고 정벌 길에 올랐다. 그 뒤 대장군으로 임명되어 반란을 평정하고 흉노 토벌에 큰 공을 세움으로써 그의 형이 말한 대로 대기만성을 이루었다.

❸ 竭澤而漁 (갈택이어)

竭泽而渔 다할 **竭** 못 **澤** 말이을 **而** 고기잡을 **漁**

눈앞의 이익만을 추구하여 먼 장래를 생각하지 않음.

「연못의 물을 모두 퍼내 고기를 잡는다」 라는 뜻으로, 눈앞의 이익만을 추구하여 먼 장래를 생각하지 않는 것을 이르는 말이다.

전국시대 말기 진(秦)나라의 정치가 여불위(呂不韋)가 편찬한 《여씨춘추(呂氏春秋)》에 있는 이야기다.

진문공

춘추시대 진(晉)나라 문공(文公)은 성복(城濮)이라는 땅에서 초(楚)나라와 큰 전쟁을 벌이게 되었다. 그러나 초나라의 병력이 진나라 진영보다 훨씬 많을 뿐만 아니라, 무력 또한 막강하였으므로 도저히 이길 방법이 없었다.

그런 가운데 방법이 없을까 궁리하다 장수 호언(狐偃)에게 물었다.

「초나라의 병력은 많고 우리 병력은 적으니 이 싸움에서 승리할 방법이 없겠소?」

그러자 호언은 이렇게 대답했다.

「저는 예절을 중시하는 자는 번거로움을 두려워하지 않고, 싸움에 능한 자는 속임수를 쓰는 것을 싫어하지 않는다고 들었습니다. 속임수를 써 보십시오」

그리고 문공은 다시 군사(軍師) 이옹(李雍)의 생각을 물었다. 이옹은 호언의 속임수 전략에 동의하지 않았다. 그렇다고 해서 별 뾰족한 방법도 없었으므로 다만 이렇게 말했다.

「못 안의 물을 모두 퍼내어 물고기를 잡는다면 그야 잡지 못할 리 없지만, 그 훗날에는 잡을 물고기가 없게 될 것이고, 산에 있는 나무를 모두 불태워서 짐승들을 잡으면 잡지 못할 리 없겠지만, 뒷날에는 잡을 짐승이 없을 것입니다(竭澤而漁 豈不獲得 而明年無魚 焚藪而田 豈不獲得 而明年無獸). 지금 속임수를 써서 위기를 모면한다 해도 근본적인 해결책이 아닌 이상 임시방편의 방법일 뿐입니다」

이옹의 비유는 눈앞의 이익만을 위하는 것은 화를 초래한다고 본 것이다.

❹ 群策群力 (군책군력) 群策群力 무리 群 꾀 策 힘 力

여러 사람이 책략을 생각하고 힘을 모아 지혜와 능력을 쏟는 것을 말한다. 전한 말의 학자이자 문인인 양웅(楊雄)이 지은 《양자법언(揚子法言)》 중려편(重黎篇)에 있는 말이다.

「초한(楚漢)전쟁에서 한나라는 많은 사람들이 책략을 짜내고 힘을 합쳤기 때문에 승리했다(漢屈群策 群策屈群力)」

양웅은 이 역사적 사건에 대하여 다음과 같은 관점을 가지고 있었다.

「한(漢)나라의 유방은 휘하에 소하(蕭何)·장량(張良)·한신(韓信)·조참(曹參) 등의 도움으로 해하(垓下)의 결전에서 초(楚)나라의 항우를 대파하여 여러 사람들의 계책과 힘으로 승리하였다.

항우는 자신의 용기만 믿고 부하들의 적극적인 건의를 받아들이지 않아 패배하였는데, 항우는 이것을 하늘이 자신을 버린 것이라고 하였다. 그러나 항우는 필부(匹夫)의 용기로서, 부하들을 이용하여 적극적으로 그들의 의견을 받아들이지 않았으며, 유일한 모사(謀士) 범증의 충언마저도 받아들이지 않고 기회를 잃고 말았다.

그가 실패한 주요 원인은 하늘 때문이 아니라, 자신이 형세에 거슬러 일을 하였기 때문이다」

한고조 유방의 대풍가(大風歌)

양웅의 이 말은, 지도자는 여러 신하들의 책략과 선비들의 힘을 모아야만 성공할 수 있다는 점을 강조함으로써 많은 사람이 함께 꾀와 힘을 쏟아야 한다는 뜻이다.

❺ 忠言逆耳(충언역이) 忠言逆耳 충성 **忠** 말씀 **言** 거스를 **逆** 귀 **耳**

우리가 격언으로 또는 속담으로 자주 쓰는 말에 「좋은 약은 입에 쓰고 바른 말은 귀에 거슬린다」는 말이 있다. 이것이 바로 「양약고구 충언역이(良藥苦口 忠言逆耳)」를 우리말로 옮겨 놓은 것이다.

《공자가어》 육본편에 있는 말이다.

「좋은 약은 입에 써도 병에 이롭고, 충성된 말은 귀에 거슬려도 행하는 데 이롭다. 탕(湯)임금과 무왕(武王)은 곧은 말 하는 사람으로 일어나고, 걸(桀)과 주(紂)는 순종하는 사람들로 망했다. 임금으로 말리는 신하가 없고, 아비로 말리는 아들이 없고, 형으로 말리는 아우가 없고, 선비로 말리는 친구가 없으면 과오를 범하지 않는 사람이 없다」

탕임금

원래는 여기 나와 있는 대로 「좋은 약은 입에 써도 병에 이롭다」고 해오던 것을, 뒷부분은 약해버리고 앞부분만 쓰게 된 것이다. 「바른 말이 귀에 거슬린다」는 말도 역시 마찬가지다. 그것이 다시 보편화되어 지금은 「좋은 약은 입에 쓰다」는 말만으로 「바른 말이 귀에 거슬린다」는 말까지를 포함한 뜻으로 통용되고 있다.

또 같은 내용의 말이 《사기》 유후세가(留侯世家)에도 있다.

천하를 통일하고 포악한 철권통치로 백성들을 옴짝달싹 못하게 하고 숨통을 조이던 시황제가 죽고 나자, 진(秦)나라는 금방 혼란에 빠지고 말았다. 긴장이 풀린 후의 심각한 이완현상이라고 할 수 있다. 학정에 시달려 온 백성들은 곳곳에서 봉기했고, 그 민중의 에너지를 기반으로 삼은 군웅들이 국토를 분할하여 세력경쟁을 벌였다.

그 가운데서도 대표적인 인물이 항우와 유방(劉邦)인데, 2세 황제 원

아방궁도(淸 화가 원강)

년인 기원전 209년에 무관(武關)을 돌파하여 진(秦)의 근거지인 중원에 제일 먼저 들어간 유방은 패상(覇上)에서 진의 자영(子嬰)이 바친 제왕의 인수(印綬)를 받고, 다시 수도 함양으로 들어갔다. 기원 전 26년의 일이다. 유방은 아직 천하를 통일하지 못했지만 이것이 한(漢)의 원년이 되었다.

3세 황제 자영(子嬰)에게서 항복을 받아낸 유방이 대궐에 들어가 보니 방마다 호화찬란한 재보가 가득 가득 쌓여 있을 뿐 아니라 꽃 같은 궁녀들이 헤아릴 수도 없이 많았다. 유방은 원래 술과 여자를 좋아했으므로 대궐에 그대로 머물 생각을 했다.

그러자 부하 대장인 번쾌(樊噲)가 고언(苦言)을 했다.

「아직 싸움이 끝나지 않았고, 천하가 진정한 영웅을 기다리고 있는데, 여기서 주저앉아 한때의 쾌락을 즐기려 하십니까? 모든 것을 봉인(封印)하고 교외의 군진으로 돌아가야 합니다」

그러나 유방은 듣지 않았다. 참모인 장량(張良)은 궁전을 보인 것이 잘못이라고 생각하면서 유방에게 말했다.

번쾌의 능

「애당초 진(秦)이 도리에 어긋나는 짓만 해서 인심이 떠났기 때문에 주군께서 이렇듯 진의 영지를 점령할 수가 있게 된 것입니다. 천하를 위해서 적을 제거한다면 검소한 생활을 해야 합니다. 지금 진의 땅으로 들어오자마자 환락에 젖는다면 그야말로 『저 호화로웠던 하(夏)의 걸왕(傑王)을 도와 잔혹한 짓을 한다』라는 결과가 됩니다. 게다가 『충언은 귀에 거슬리나 행실에는 이(利)가 되고, 독한 약이 입에는 쓰나 병에는 잘 듣는다(忠言逆耳利於行 毒藥苦口利於病)』고 합니다. 부디 번쾌의 말을 들어주십시오」

그제야 자기의 잘못을 깨달은 유방은 대궐에서 나와 군진이 있는 패상(霸上)으로 돌아갔다.

여기에서 말한 독한 약이란 물론 약효가 강하다는 뜻이다.

❻ 聞過則喜 (문과즉희) 闻过则喜 들을 **聞** 지날, 허물 **過** 곧 **則** 기쁠 **喜**

잘못을 저질렀을 때 비판을 기꺼이 받아들이다.

맹자는 제자들과 함께 남의 비판을 달갑게 받아들이는 문제에 대해 토론하면서 세 사람, 즉 자로(子路)와 우(禹)임금, 순(舜)임금을 그 전형적인 실례로 들었다.

자로는 춘추시대 노나라 사람으로 이름은 중유(中由)다. 공자의 제자들 중에서 가장 성실하고 강직하며 실천적인 인물, 우임금은 하(夏)나라를 개국한 사람으로 일찍이 홍수라는 재난을 다스렸으며, 요임금, 순임금과 함께 사람들에게 널리 칭송받는 군왕, 그리고 순임금은 대순(大舜)이라고도 불리어지는데, 우임금은 순임금에게서 왕위를 물려받았다.

우임금

《맹자》 공손추 상편에서 맹자는 이렇게 말하고 있다.

「자로는 남이 자기의 결함을 지적해 주면 기뻐하고(人告之以有過則喜), 우임금은 남이 자기에게 좋은 말로 충고해 주면 매우 감격해 하였다. 순임금은 더했는데, 그는 자신의 치적을 여러 사람들의 공로로 간주했으며, 자신의 결함은 고치고 남의 장점을 본받고자 노력하였다. 순임금은 일찍이 농사일도 하고 도자기도 굽고, 어부 노릇도 하였으며, 나중에는 임금에까지 올랐는데, 그의 장점은 어느 하나라도 남에게 배우지 않는 것이 없다. 남의 장점을 따라 배워 자기를 제고함으로써 여러 사람들에게 보다 많고 좋은 일을 하게 하는 것, 그것이 바로 남이 잘 되도록 도와주는 것이다」

❼ 一網打盡 (일망타진) 一网打尽 한 一 그물 **網** 칠 **打** 다할 **盡**

그물을 한 번 던져 있는 고기를 다 잡는다는 뜻이다. 경찰이 범인을 잡거나 적대관계에 있는 어느 한쪽이 상대방을 완전히 소탕했을 경우에 쓰는 말이다.

이 말을 처음 한 사람은 송나라 인종(仁宗) 때 어사중승(御史中丞 : 검찰관)이었던 왕공신(王拱辰)이었다. 반대파들을 모조리 옥에 가둔 다음 그가, 「내가 한 그물로 다 잡아 버렸다(吾一網打去盡矣)」고 한 데서 시작된 말이다.

《송사》 인종기(仁宗紀)에 있는 이야기다.

오대(五代)의 혼란기에 뒤이어 성립된 송(宋)나라는 문관통치를 국시(國是)로 했고, 건국 후 60여 년 뒤에 즉위한 제4대 인종(仁宗, 재위 1022~1063) 때는 과거제도에 의한 유능한 인재들이 많이 등용된 것으로 유명하다.

특히 인종의 후반기는 경력(慶曆, 1041~1048)이란 연호를 따서 경력지치(慶曆之治)라 부르는데, 이 태평시대가 나타나기까지에는 조정 내부에서의 문관들의 격렬한 대립이 있었다. 기성세력의 대신들과 혁신적인 관료들과의 대립이다.

인종의 명도(明道) 2년(1033년)에 곽황후(郭皇后)의 폐출 문제가 일어났다. 당시 인종은 상미인(尙美人)을 사랑하고 있었는데, 어느 날 인종을 모시고 앉아 있던 상미인이 황후에게 모욕을 가했다. 성난 황후가 그녀의 따귀를 치려했을 때, 인종이 얼른 사이에 끼어들어 말리는 바람에 황후의 손이 그만 인종의 목을 치고 말았다.

성이 난 인종은 황후를 폐출할 결심을 하고 재상인 여이간(呂夷簡)과 상의를 했다. 천자의 뜻을 받들기에 바빴던 여이간이 동조함으로써 폐출은 곧 단행되었다. 이에 반대한 범중엄(范仲淹) 등 간관(諫官) 열 명은 당파를 만들어 음모를 꾀하고 있다는 구실로 변방으로 쫓겨났다. 여이간의 농간이었다.

범중엄

경력 3년, 여이간이 재상에서 물러나자 인종은 기성 정치가인 하송(夏竦)을 추밀사(樞密使 : 군권을 장악하는 재상직)에 임명하고 추밀부사에는 혁신파인 한기(韓琦)를, 참지정사(參知政事)에는 범중엄을 임명했다.

그러자 그때 함께 새로 임명된 간관 구양수(歐陽修) 등이 하송은 적임자가 아니라고 들고 일어났다. 인종은 곧 하송을 해임시키고 청렴강직하기로 이름이 높던 두연(杜衍)을 대신 그 자리에 앉혔다.

혁신파 관료들은 이를 크게 환영했다. 특히 국자감직강(國子監直講)인 석개(石介)는 「대간(大姦)이 물러간 것이 닭의 발톱 빠지듯 했다」는 성덕시(聖德詩)를 지어 발표까지 했다. 대간(大姦)은 하송을 가리켜 한 말이다. 하송은 여기에 분개하여 두연 등 일파를 「당인(黨人)」이라고 공격했다.

하송의 이 같은 모함에 반대하고 나선 구양수는 그의 상소문에서,

구양수

「신이 듣건대, 붕당(朋黨)에 대한 말은 예부터 있었습니다. 다만 임금님께서 그들이 군자인지 소인인지를 분별하기를 바랄 뿐입니다. 대개 군자는 군자와 더불어 도를 같이함으로써 벗을 삼고, 소인은 소인과 더불어 이익을 같이함으로써 벗을 삼습니다. 이것은 자연의 이치입니다」 하고 주장했다. 이것이 유명한 「분당론」이란 것이다.

이리하여 일단 수그러진 하송은 끝내 단념을 못하고 이번에는 범중엄 등 당인들이 황제를 갈아 치우려 한다는 터무니없는 사건을 날조하여 그들을 모함하려 했다. 인종은 일체 불문에 붙이고 말았지만, 두연만은 뜻하지 않은 데서 반대파들에게 말려들고 말았다.

그것은 두연의 사위로 진주원(進奏院)의 감독관으로 있던 소순흠(蘇舜欽)이, 휴지를 판 공금으로 귀신에게 제사를 지내고, 청사로 손님을 초대하여 기생들까지 불러 큰 잔치를 베풀었던 것이다.

하송의 일파로 어사중승이던 왕공신이 앞에서 말한 대로 그를 탄핵하여 소순흠 일당을 모조리 옥에 가두고 「일망타진」 했다면서 기뻐 어쩔 줄을 몰랐다는 것이다.

두연은 이 사건으로 겨우 70일 만에 그 자리에서 물러나게 되고, 나머지 당인들도 계속해서 벼슬에서 쫓겨나게 되었다.

❽ 佳人薄命 (가인박명) 佳人薄命 아름다울 **佳** 사람 **人** 얇을 **薄** 목숨 **命**

얼굴이 예쁜 사람은 운명이 가혹하다. 재주가 많고 출중한 사람의 운명이 평탄치 않을 때 쓰는 말이다.

보통 미인이 그 미모에 걸맞게 행복한 생애를 보내지 못하고 기구한 처지에 빠져 있을 때 흔히 사용한다.

중국 외교부가 공식 소개한 양귀비 초상

가인(佳人)이란 말의 뜻 가운데는 임금과 같은 귀한 사람을 가리키는 경우도 있다. 그러나 보통 가인이라 하면 얼굴이 예쁜 여자를 가리켜 말하게 된다. 특히 「가인박명」이니 「미인박명(美人薄命)」이니 하고 「박명(薄命)」이란 두 글자가 붙어 있을 경우는 더욱 그렇다.

「미인박명」이란 말은 누가 언제 만들어 낸 것도 아닌데, 역사적 교훈이 사람들로 하여금 그런 말을 낳게 한 것 같다. 동서고금을 통해 세상을 놀라게 했던 무수한 미인들이 파란만장한 삶 끝에 결국은 비명에 죽어 갔다.

클레오파트라가 독사에 물려 마지못해 자살을 했는가 하면, 양귀비 같은 절세미인도 안녹산(安祿山)의 난에 쫓겨 파촉(巴蜀)으로 가던 도중 마외(馬嵬)란 곳에서 반란군의 손에 넘어가 뭇 사내들의 진흙 발에 짓밟

혀서 사지가 찢겨 죽는 비참한 최후를 마쳤다.

식부인

식부인(息夫人)은, 작은 나라이기는 하지만 그래도 일국의 후비로서 행복한 일생을 영위할 수 있었던 착한 부인이었는데도 강대한 초나라 성왕(成王)의 눈에 띄어 남편과 자신과 나라까지 송두리째 폭군의 희생이 되고 말았다.

마음씨 고운 그녀는 자살도 하지 못하고, 평생 웃음을 잃고 묻는 말에 대답하는 일 외에는 입을 열어 말하는 일이 없었다 한다. 사랑하는 남편을 따라 죽지 못하고 모진 목숨을 이어가며 살아야만 했던 그녀의 마음속은 얼마나 차가운 안개로 덮여 있었을까?

이렇게 하나하나 들기로 하면 끝이 없다. 여기 소식(蘇軾 : 자는 동파, 1036~1101)이 지은 「박명가인」이란 칠언율시(七言律詩)를 소개해 보기로 하자.

두 뺨은 굳은 젖빛, 머리털은 옻칠한 듯한데,
눈빛은 발 사이로 들어와 구슬처럼 영롱쿠나.
원래 흰 깁으로 선녀의 옷을 만들고
붉은 연지로 타고난 바탕을 더럽히지 못한다.
오나라 말소리는 귀엽고 부드러워 아직 어린데,

한없는 인간의 근심은 전연 알지 못한다.
예부터 가인은 흔히 박명하다 하지만,
문을 닫은 채 봄이 다하면 버들 꽃도 지고 말겠지.

雙頰凝酥髮抹漆 眼光入簾珠的皪
故將白練作仙衣 不許紅膏汗天質
吳音嬌軟帶兒痴 無限間愁總未知
自古佳人多薄命 閉門春盡楊花落

쌍협응소발말칠 안광입렴주적력
고장백련작선의 불허홍고한천질
오음교연대아치 무한간수총미지
자고가인다박명 폐문춘진양화락

이 시는 저자가 항주 · 양주의 지방장관으로 부임했을 때 우연히 절간에서 나이 80이 이미 넘었다는 어여쁜 여승을 보고, 그녀의 아리따웠을 어린 소녀시절을 회상하며 미인의 박명함을 읊은 것이라고 한다.

동파 소식

33. 臨深履薄 夙興溫凊 临深履薄 夙兴温凊

(임심이박 숙흥온정)

❶ 臨(임) 機(기) 應(응) 變(변)

❷ 良(양) 賈(고) 深(심) 藏(장)

❸ 倒(도) 履(리) 相(상) 迎(영)

❹ 日(일) 薄(박) 西(서) 山(산)

❺ 夙(숙) 興(흥) 溫(온) 凊(정)

❻ 多(다) 難(난) 興(흥) 邦(방)

❼ 溫(온) 故(고) 知(지) 新(신)

❽ 溫(온) 凊(청) 定(정) 省(성)

풀이

❶ 臨機應變(임기응변) 临机应变 임할 **臨** 틀 **機** 응할 **應** 변할 **變**

어떤 일을 당하여 적절하게 반응하고 변통한다는 뜻으로, 그때그때의 사정과 형편에 맞게 그 자리에서 처리함.

《진서》 손초전에는 손초를 평하여, 「나라와 백성을 다스리는 방책이 뛰어났고, 임기응변이 무궁하였다(廟算之勝 應變無窮)」 라고 했다.

손초는 친구에게 은거할 뜻을 밝히며,

「수석침류(漱石枕流 : 돌로 양치질을 하고 흐르는 물을 베개로 삼다)」 라고 말하였는데, 이는 「침석수류(枕石漱流 : 돌로 베개를 삼고 흐르는 물에 양치질을 하다)」 를 잘못 말한 것이었다.

친구가 이를 지적하자 손초는,

「흐르는 물을 베개로 삼겠다고 한 것은 허유(許由)처럼 더러운 말을 들으면 귀를 씻기 위함이고, 돌로 양치질을 한다고 한 것은 이를 튼튼하게 하기 위함일세」 라고 말했다.

허유세이도(許由洗耳圖)

허유는 순임금이 천하를 물려주겠다고 하자 이를 거절하고는 더러운 말을 들었다며 강물에 귀를 씻은 은자(隱者)이다. 이는 물론 손초가 자신의 실수를 인정하기 싫어서 억지를 부린 것이지만,

안영 공원

그의 임기응변을 엿볼 수 있는 대목이다.

또 전국시대 제(齊)나라의 안영(晏嬰)이 초(楚)나라에 사신으로 갔을 때, 초나라 왕이 왜소한 안영을 골탕 먹이려고 성의 대문은 닫고 작은 문으로 들어오게 했다. 안영은 개의 나라에 들어갈 때나 개구멍으로 들어가는 것이라고 하여 초나라 왕으로 하여금 대문을 열게 했다.

초나라 왕은 또 안영같이 왜소한 사람을 사신으로 보낼 만큼 제나라에 인물이 없냐고 비꼬았다. 안영은 제나라에서는 어진 왕에게는 어진 사람을 사신으로 보내고, 어질지 못한 왕에게는 어질지 못한 사람을 사신으로 보내는데, 제나라 사람 중에서 자신이 가장 어질지 못한 사람이라서 초나라에 사신으로 오게 되었다고 말했다.

이 또한 안영의 뛰어난 임기응변을 보여주는 사례이다.

❷ 良賈深藏 (양고심장)

良賈深藏 어질 **良** 상인 **賈** 깊을 **深** 감출 **藏**

「장사를 잘하는 사람은 좋은 물건을 밖에 너저분하게 벌여놓지 않고 깊이 간직한다」라는 뜻으로, 지혜로운 사람은 학덕을 자랑하지 않는다는 뜻이다.

《사기(史記)》 노자한비열전(老子韓非列傳)에 있는 말이다.

노자는 공자가 말하는 인(仁)이나 예에 대해 회의적인 입장으로, 무위자연(無爲自然) 속에 침잠해 있었다. 공자는 고서 등을 인용하며 자기 생각을 피력하고 예(禮)에 대하여 노자의 의견을 물었다. 그러자 노자는 이렇게 말했다.

「당신이 흠모하는 옛날의 성인도 그 몸은커녕 뼈까지 썩어빠져서 지금은 다만 덧없이 그 말만이 남아 있을 뿐이오. 아무튼 군자란 때를 만나게 되면 수레를 타는 귀한 몸이 되지만, 때를 만나지 못하면 하잘것없는 몸이 되오. 『훌륭한 장사치는 물건을 깊이 간직하여 밖에서 보기에는 아무것도 없는 것 같고(良賈深藏若虛), 군자는 훌륭한 덕(德)을 몸 속 깊이 간직하여 외모는 어리석은 것처럼 보인다(君子盛德容貌若愚)』는 말을 들었소이다. 당신의 고만(高慢)함과 다욕(多欲)함과 산만한 생각은 모두 버리시오. 그것들은 당신에게 아무런 이익도 없는 것이오. 내가 당신에게 말하고 싶은 것은 단지 이것뿐이오」

공자가 노자에게 도에 대해 묻는 소상(塑像)

공자는 돌아가서 제자들에게 말했다.

「새라면 잘 날고, 물고기라면 잘 헤엄치며, 짐승이라면 잘 달린다는 것은 나도 잘 알고 있다. 달리는 것은 그물을 쳐서 잡고, 헤엄치는 것은 실을 담가 낚고, 나는 것은 주살을 가지고 맞춰서 떨어뜨릴 수가 있다. 그러나 용(龍)에 이르러서는 바람과 구름을 타고 하늘에 오른다고 하니 나로서는 그 실체를 알 길이 없다. 나는 오늘 노자를 만났는데, 마치 용 같다고나 할까, 전혀 잡히는 바가 없더라」

이처럼 「양고심장」은 학덕이 깊으면서도 겉으로 드러내지 않음을 비유한 말이다.

❸ 倒履相迎 (도리상영)

倒履相迎 거꾸로 **倒** 신 **履** 서로 **相** 맞이할 **迎**

손님을 반갑게 맞이함.

가까운 친구나 반가운 손님이 찾아온다는 소식을 듣고 기쁜 나머지 신마저 거꾸로 신고 달려 나가 맞이함을 이르는 말이다.

《한서》 준불의전에 있는 이야기다.

한(漢)나라 때 발해(渤海, 지금의 하북성 창현 일대) 사람으로 준불의라는 사람이 있었다. 그는 《춘추(春秋)》를 깊이 연구해서 명망이 매우 높았다. 어느 날 포승지(暴勝之)가 발해로 왔을 때 준불의가 그의 숙소로 찾아간 적이 있었는데, 포승지는 「준불의의 용모가 근엄하고 의관이 위엄있는 것을 보고 신발을 거꾸로 끌고 황급히 나와 맞았다(望見不疑容貌莊嚴 衣冠甚偉躧履起迎)」고 하였다. 여기서 사리(躧履)는 신발을 바로 신지 못하고 급히 걷는 모양을 말한다.

후한의 학자 · 문인 · 서예가로서 젊어서부터 박학했고 비백체(飛白體)를 창시했으며 문장에 뛰어난 문인 채옹(蔡邕, 132~192)은 벗들과 사귀기를 즐겨서 그의 집에는 언제나 손님이 그칠 새가 없었다. 어느 날 왕찬(王粲, 177～217)이라는 사람이 자기 집으로 온다는 소식을 듣고 그는 기뻐서 어쩔 줄을 몰랐다.

채옹 탄금도

《삼국지》 위지 왕찬전에 따르면, 「채옹은 왕찬이 자기 집으로 온다는 소식을 듣고 신을 거꾸로 신고 나가 맞이하였다(蔡邕聞粲在門 倒屣迎之)」 고 한다.

「도리상영」은 이런 이야기들에서 나온 성구인데, 「도사상영(倒屣相迎)」 또는 「도사이영(倒屣而迎)」이라고도 한다.

④ 日薄西山 (일박서산)

日薄西山　　날 **日** 엷을 **薄** 서녘 **西** 뫼 **山**

「해가 서산에 가까워지다」 라는 뜻으로, 늙어서 여명(餘命)이 얼마 남지 않았거나 사물이 쇠망기에 접어든 것을 비유하는 말이다.

한(漢)나라 때의 문인 양웅(揚雄)이 지은 「반이소(反離騷)」 에 있는 말이다.

양웅은 명리에 연연하지 않고 안빈낙도(安貧樂道)하며 일생을 보낸 인물로, 조정에 중용되고 못 되고는 운명에 달린 것이며 스스로 어찌할 수 없는 일이라고 생각했다. 그래서 그는 굴원(屈原)의 「이소(離

騷)」를 읽을 때마다 감동하여 눈물을 흘렸으나, 때를 만나지 못한 처지를 한탄하며 스스로 목숨을 끊은 굴원의 행위에 대하여는 찬동하지 않았다.

양웅은 「이소」에서 글을 따와 굴원의 행동을 반박하여 「반이소」를 지었는데, 그 가운데 이런 구절이 있다.

「멱라수에 이르러 스스로 목숨을 끊으니, 해가 서산에 지는 것을 두려워함이네(臨汨羅而自隕兮 恐日薄於西山)」

이밀과 조모 유씨

촉한의 재상이며, 진나라 때 한중태수(漢中太守)를 지낸 이밀(李密)이 지은 「진정표(陳情表)」에도 이 말이 사용되었다.

이밀은 어려서 아버지를 여의고 어머니는 재가하여 할머니 손에 자랐다. 그는 삼국시대 촉(蜀)에서 벼슬을 하다가 촉이 멸망하자 고향으로 돌아갔는데, 위(魏)를 멸하고 중원을 통일한 진(晉) 무제(武帝)는 그에게 태자세마(太子洗馬) 벼슬을 내려 조정으로 불러들이려 했다.

이에 이밀은, 「다만 조모 유씨가 해가 서산에 가까워져 희미해지는 것처럼 숨이 곧 끊어질 듯하니, 목숨이 위태로워 아침에 저녁 일을 알 수 없습니다(但以劉日薄西山 氣息奄奄 人命危淺 朝不慮夕). 신은 조모가 없었더라면 오늘에 이를 수 없었을 것이며, 조모는 신이 없으면 여생을 마칠 수 없을 것이니, 조모와 손자 두 사람이 서로 목숨을 의지하는 까닭에 구차스럽게 폐하거나 멀리 갈 수 없습니다」라고 하며 간곡하게 사양했다.

❺ 夙興溫凊(숙흥온정) 夙兴温凊
일찍 **夙** 일어날 **興** 따뜻할 **溫** 서늘할 凊(정)

일찍 일어나서 따뜻한지 서늘한지를 살핀다.

《천자문》에 있는 말이다.

「깊은 연못을 앞에 두고 있는 듯 살얼음을 밟는 듯이 하고, 일찍 일어나서 따뜻한지 서늘한지를 살핀다(臨深履薄 夙興溫凊)」

《논어》 태백(泰伯)편에 있는 이야기다.

증자는 임종을 앞두고 제자들을 불러놓고 자신의 손과 발을 들춰 자세히 살펴보라고 했다. 혹 자신의 신체 중 다치거나 상한 곳이 있지 않나 잘 들여다보라는 것이다. 그리고 자신은 부모가 물려준 신체를 행여 훼손할까봐 깊은 연못에 들어가듯 혹은 살얼음을 밟듯이 경계하고 조심했는데, 이제야 비로소 그 걱정에서 벗어나게 되었다고 했다.

유가(儒家)에서는, 태어나 자신의 부모에게 반드시 실천해야 할 예절 중 하나가, 「겨울에는 따뜻하게 해드리고 여름에는 서늘하게 해드리며, 날이 저물면 자리를 펴드리고, 새벽에는 안부를 살피며, 친구들과 함께 있을 때에는 싸우지 않는 것」이라고 했다.

고대 중국인들은 효(孝)를 나라와 백성을 다스리는 정치의 근본이라고 여겼다.

❻ 多難興邦

다난흥방

多难兴邦 많을 **多** 어려울 **難** 일어날 **興** 나라 **邦**

많은 어려운 일을 겪고서야 나라를 일으킨다는 뜻에서 어려움을 극복하고 여러모로 노력해야 큰일을 이룰 수 있다는 말이다.

진(晉)나라 무제(武帝)의 아들인 혜제(惠帝) 때 진나라는 「팔왕(八王)의 난」 등으로 혼란하였다. 이 시기를 틈타 진나라의 지배를 받은 북방민족들이 독립하여 나라를 세우고 쳐들어와 회제(懷帝)와 민제(愍帝)가 살해되고, 진나라는 중원에서 양자강 이남으로 나라를 옮겨 동진(東晉)이라고 불렀다.

동진 원제 사마예

동진시대 사람인 조적(祖逖)은 범양(范陽) 출신으로 성격이 활달하고 분방하여 예의에 초연했다. 일찍이 사공(司空)인 유곤(劉琨)과 함께 호걸로 이름이 자자해서 24세 때에는 유곤과 함께 사주주부(司州主簿)가 되었는데 이불을 함께 덮고 잘 정도였다.

낙양이 유총에게 함락되었을 때 그는 여남(汝南)태수로 있었는데 유민 수백 호를 거느리고 사수(泗水)로 갔다.

그는 자신이 흉노에게 점령된 중원을 회복하는 일을 사명으로 받았다고 생각하고 있었으므로 안동장군 사마예(司馬叡)에게 중원 회복의 계책인 「권진표」를 올려 이렇게 말했다.

「많은 재난이나 어려움은 우리에게 나라를 부흥시키고 공고히 하도록 격려해주며, 깊은 근심은 황제로 하여금 정세를 정확하게 보고 새로운 결심을 하게 해준다(或多難以固邦國 或殷憂以啓聖明)」

그 뒤 사마예는 동진의 초대 황제인 원제(元帝)로 즉위하였으며 북벌을 결정하지 못하고 조적과 유곤을 의심하여 유곤을 살해하자, 조적은 그 울분으로 죽었다. 동진은 317년 건업(建業 : 南京)을 국도로 진왕조를 재건한 뒤 공제(恭帝) 때인 419년에 유유(劉裕)에게 멸망하였다.

조 적

이와 같이 수많은 고난이 사람들에게 나라를 부흥시킬 수 있도록 격려한다는 것을 말한다.

최근 사천성(四川省)에 큰 지진이 일어났을 때 중국에서 흔히 한 말이다. 초등학교 교실에서부터 신문, 베이징의 고급 관리에 이르기까지 자주 되뇌는 말이다. 그 고사성어가 바로 이 「다난흥방(多難興邦)」이다.

「많은 고난이 나라를 흥왕케 만들어준다」

이는 그들의 긴 역사를 통하여 요긴하게 배웠던 의미 깊은 표현이었다.

❼ 溫故知新 (온고지신)

溫故知新 익힐 **溫** 오래될 **故** 알 **知** 새로울 **新**

옛것을 연구하여 거기서 새로운 지식이나 도리를 발견함.

「온고지신」은 옛 것을 익히고 새 것을 안다는 말이다. 다시 부연해서 말한다면, 옛 것을 앎으로써 그것을 통해 새로운 것을 발견하게 된다는 뜻이다.

정 현

《논어》 위정편에 있는 공자의 말로서, 「옛 것을 익혀 새 것을 알면 남의 스승이 될 수 있다(溫故而知新 可以爲師矣)」라고 실려 있다.

똑같은 「온고이지신(溫故而知新)」이란 다섯 글자가 《중용》 27장에도 나오는데, 이 「온고이지신」의 「온(溫)」에 대해서는 여러 가지 해석들이 나오고 있다.

정현(鄭玄)은 심온(燖溫)을 온(溫)과 같다고 했는데, 심(燖)은 고기를 뜨거운 물속에 넣어 따뜻하게 하는 것을 말한다. 즉 옛 것을 배워 가슴속에 따뜻하게 품고 있는 것을 말한다. 주자(朱子) 주에는 심역(尋繹)하는 것이라고 했다. 찾아 연구한다는 말이다.

결국 「온고이지신」은 옛 것과 새 것이 불가분의 관계에 있음을 말해 주고 있다. 옛 것에 대한 올바른 지식이 없이는 오늘의 새로운 사태를 정확히 파악할 수 없고, 새로운 사태를 정확히 인식하지 못한다면 장차 올 사태에 대한 올바른 판단이 설 수 없다.

과거와 현재와 그리고 미래에 대한 인과(因果) 법칙적인 원리를 터득하지 못한 사람은 후진들을 올바르게 이끌어 줄 자격이 없음을 말한 것이다.

❽ 溫凊定省(온청정성) 溫凊定省 따뜻할 **溫** 서늘할 凊 정할 **定** 살필 **省**

온(溫)은 따뜻하게 함, 청(凊)은 서늘하게 함, 정(定)은 임석(任席)을 정하는 것, 성(省)은 안부를 살피는 것. 곧 자식의 부모에 대한 효와 예의를 일컫는 말.

《예기(禮記)》에 있는 말이다.

자식이 부모에 대해서 효도할 마음가짐을 가르치고 있는 말이다. 겨울에는 따뜻하게 하고 여름에는 시원하게 하며, 저녁에는 자리를 편히 마련하고 아침에는 안부를 여쭙는 일을 이름. 효도를 하는 데에는 계절이나 시간에 따라서 그때그때에 알맞은 마음 씀씀이가 필요하다는 것. 청(凊)은 청(淸)과는 다른 자로, 시원하게 하다의 뜻.

34. 似蘭斯馨 如松之盛 (사란사형 여송지성) 似兰斯馨 如松之盛

❶ 大(대) 姦(간) 似(사) 忠(충)

❷ 芝(지) 蘭(란) 之(지) 交(교)

❸ 斯(사) 文(문) 亂(난) 賊(적)

❹ 似(사) 蘭(란) 斯(사) 馨(형)

❺ 富(부) 貴(귀) 如(여) 浮(부) 雲(운)

❻ 白(백) 沙(사) 靑(청) 松(송)

❼ 置(치) 之(지) 度(도) 外(외)

❽ 榮(영) 枯(고) 盛(성) 衰(쇠)

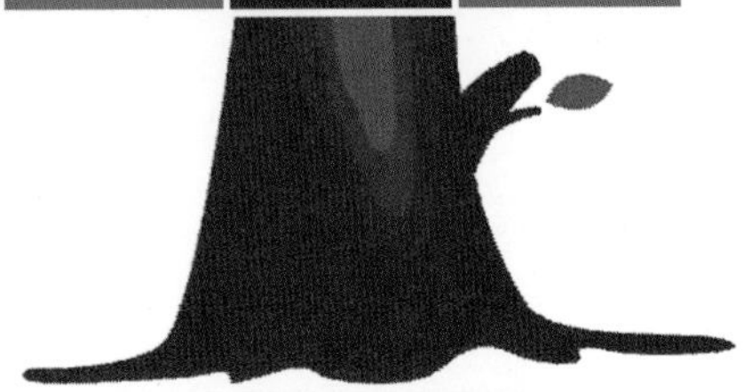

풀이

❶ 大姦似忠 (대간사충)

大姦似忠　큰 **大** 간사할 **姦** 같을 **似** 충성 **忠**

「아주 간사한 사람과 충신은 흡사하다」라는 뜻으로, 악한 본성을 숨기고 마치 가장 충실한 체하는 사람을 가리키는 말이다.

《송사(宋史)》에 있는 말이다.

송나라 제5대 황제 영종(英宗)은 고갈되어 가는 국고를 부흥시키고 국력을 키우기 위해 재정개혁에 힘썼으나 즉위 4년 만에 세상을 떠나고, 신종(神宗)이 19세의 나이로 뒤를 이어 즉위하였다.

송 신종

신종은 영종이 이루지 못한 개혁을 계속 진행시켰는데, 어린 신종을 도와 개혁을 추진한 인물이 바로 왕안석(王安石)이다.

왕안석은 신종의 신임 아래 기존 세력의 반대를 무릅쓰고 새로운 법을 공포하였다. 이른바 신법으로, 농민의 조세와 부역을 덜어주고, 상인의 독점으로 인한 물품의 품귀현상을 해소시키며, 병농일치(兵農一致)로써 국방을 강화하려는 당시로서는 꼭 필요한 개혁정책이었다.

그러나 이 법은 기득권을 가진 지주와 부호, 황실, 귀족 관료들의

왕안석

강력한 반대에 부딪혔다. 가진 자로부터 없는 자를 보호한다는 명목으로 권력의 재편을 노린다는 구실이었다.

그 맨 앞에 선 사람이 어사중승 여회(呂誨)였다. 여회는 왕안석이 재상에 취임하는 것부터 반대했던 사람으로, 신법이 계속 만들어지자 마침내 신종에게 왕안석을 탄핵하는 상소를 올렸다.

「아주 간사한 사람은 충신과 비슷하고, 큰 속임수는 사람들로 하여금 믿게 만든다(大姦似忠 大詐似信)」

겉으로는 질박하게 보이면서도 가슴 속에는 간사한 음모가 있으며, 교만하고 음험하여 황실을 업신여기고 남을 해치려 하는 간특한 인간이라고 왕안석을 탄핵한 것이다.

「대간사충」은 여기서 나온 말로, 정말로 간사한 사람은 언사가 교묘하여 누구라도 충신이라고 믿게 만든다는 말이다.

그 후에도 신종은 왕안석에 대한 신임을 바꾸지 않고, 오히려 여회를 지방으로 좌천시키면서까지 개혁을 추진하려 하였다. 그러나 신종이 죽고 왕안석도 물러나 은퇴하자, 보수 반동세력이 다시 득세하여 개혁은 결국 수포로 돌아가고 말았다.

❷ 芝蘭之交 (지란지교)

芝兰之交　지초 芝 난초 蘭 의 之 사귈 交

영지와 난초의 사귐. 벗 사이의 맑고도 높은 사귐. 지초(芝草)와 난초 같이 향기로운 사귐이라는 뜻으로, 벗 사이의 맑고도 높은 사귐을 이르는 말이다.

《명심보감(明心寶鑑)》 교우(交友)편에 있는 말이다.

공자는 「선한 사람과 함께 있으면 지초와 난초가 있는 방으로 들어가는 것과 같아서, 오래되면 향기를 맡지 못하니, 그 향기에 동화되기 때문이다(子曰 與善人居 如入芝蘭之室 久而不聞其香 卽與之化矣). 선하지 못한 사람과 함께 있으면 마치 절인 생선가게에 들어간 것과 같아서 오래되면 그 악취를 맡지 못하니, 또한 그 냄새에 동화되기 때문이다(與不善人居 如入鮑魚之肆 久而不聞其臭 亦與之化矣). 붉은 주사를 가지고 있으면 붉어지고, 검은 옻을 가지고 있으면 검어지게 되니, 군자는 반드시 함께 있는 자를 삼가야 한다(丹之所藏者赤 漆之所藏者黑 是以 君子必愼其所與處者焉)」라고 말하였다.

공 자

지란지교는 공자의 말처럼 벗을 사귈 때는 지초와 난초처럼 향기롭고 맑은 사귐을 가지라는 뜻이다. 이와 같이 벗 사이의 변치 않는 사귐, 두터운 사귐을 일컫는 고사성어는 많다.

「관포지교(管鮑之交)」, 「교칠지교(膠漆之交)」, 「문경지교(刎頸之交)」, 「수어지교(水魚之交)」 등도 모두 벗 사이의 두터운 우정을 가리키는 성어들이다.

❸ 斯文亂賊(사문난적) 斯文亂賊 이 **斯** 글월 **文** 어지러울 **亂** 도둑 **賊**

유교(儒敎)를 어지럽히는 도적(盜賊)이라는 뜻으로, 교리에 어긋나는 언동으로 유교를 어지럽히는 사람을 이르는 말

윤 휴

원래 유교 반대자를 비난하는 말이었으나, 조선 중엽 이후 당쟁이 격렬해지면서부터 그 뜻이 매우 배타적이 되어 유교의 교리 자체를 반대하지 않더라도 그 교리의 해석을 주자(朱子)의 방법에 따르지 않는 사람들까지도 사문난적으로 몰았는데, 송시열(宋時烈)이 윤휴를 사문난적으로 몰았던 것이 대표적인 사례이다.

이는 경전 원본보다 주자가 내린 해석을 더욱 중시하고 맹목적으로 따랐던 경직된 조선 중기의 사상을 보여준다.

당시 중국에서 성행하던 육상산(陸象山)·왕양명(王陽明)의 심학(心學) 같은

사상도 주희의 사상에 매몰된 조선시대에는 용납되지 않았다. 남인이 몰락하면서 송시열이 주도하는 노론(老論)이 정국을 주도하면서 더욱 심화되었으며 주희가 경전을 해석한 것은 절대적으로 따라야만 하는 권위를 지녔었다.

송시열

숙종(肅宗) 때의 대학자인 윤휴(尹鑴)가 유교 경전(經典)을 주자를 따라서 해석하지 않고 독자적으로 해석했다 하여 송시열에 의해 사문난적이라는 비난을 받았으며, 윤휴의 학문을 새로운 해석으로 평가했던 윤선거와 윤증 부자는 소론(少論)으로 분파되었다.

송시열은 이렇게 평했다.

「주자가 모든 학문의 이치를 이미 밝혀 놓았는데 윤휴가 감히 자기 의견을 내세워 억지를 부리니 진실로 사문난적이다」

당시 윤휴는 북벌론을 주장하며 개혁적인 성향의 남인(청남)이었는데, 서인과 정치싸움에서 패배하여 유배지에서 사사되었다.

❹ 似蘭斯馨 (사란사형) 似兰斯馨 같을 **似** 난초 **蘭** 이 **斯** 향기 **馨**

난초처럼 향기롭다.

《천자문》에 있는 말이다.

「난초처럼 향기롭고, 소나무처럼 무성하다(似蘭斯馨 如松之盛)」

덕(德)은 난초(蘭)와 같이 멀리까지 향기를 풍기고, 눈 위에서도 시들지 않는 송백과 같은 무성함이 있다. 꽃은 수수하지만 그윽한 향기가 멀리까지 퍼져 나가는 난은 예로부터 군자의 덕화(德化)에 비겨졌고, 사시사철 늘 푸른 소나무는 군자의 꿋꿋한 절개에 비겨졌다.

사군자(四君子) 가운데 하나인 난초와 함께 소나무를 군자(君子)에 비유했다. 보는 이 하나 없는 깊은 산골짜기에서도 홀로 향기를 내는 난초가 군자의 넓고 깊은 내면(內面)을 표현한 것이라면, 거센 바람과 눈보라에도 굴하지 않고 홀로 우뚝 서 무성함을 드러내는 소나무는 군자의 굳센 겉모습을 표현한 것이다.

❺ 富貴如浮雲 (부귀여부운)

富贵如浮云

넉넉할 **富** 귀할 **貴** 같을 **如** 뜰 **浮** 구름 **雲**

부귀는 한갓 덧없는 인생이나 세상과 같다. 부(富)니 귀(貴)니 하는 것은 떠가는 구름이나 다를 바가 없다는 것이 「부귀여부운」이다. 이 말은 원래 공자가 한 말에서 비롯된다. 《논어》 술이편에 보면 이런 얘기가 나온다.

「나물밥(疏食소사) 먹고 맹물 마시며 팔 베고 자도 즐거움이 또한 그 속에 있다. 옳지 못한 부나 귀는 내게 있어서 뜬구름과 같다(飯疏食飮水曲肱而枕之 樂亦在其中 不義而富且貴 於我如浮雲」

소사(疏食)는 거친 밥이란 뜻으로 풀이된다. 거친 밥 중에는 아마 나물에 쌀알 몇 개씩 넣은 것이 가장 거친 밥일 수 있을 것이다. 그러나 소(疏)는 채소라는 소(蔬)로도 통할 수 있다. 그래서 그런지 우리나라 노

랫가락 속에도 이런 것이 있다.

나물 먹고 물마시고 팔 베고 누웠으니
대장부 살림살이 이만하면 족하구나.

아무튼 진리와 학문을 즐기며 가난을 잊고 자연을 사랑하는 초연한 심정이 약간 낭만적으로 표현된 멋있는 구절이라 아니할 수 없다. 다만 주의할 일은 불의(不義)라는 두 글자가 붙어 있는 점이다.

세상을 건지고 도를 전하려면 역시 비용이 필요하고 권세가 필요하다. 그러나 그것은 어디까지나 정당한 방법으로 얻어진 것이 아니면 안 된다. 단순히 부만을 위한 부나, 귀만을 위한 귀는 올바르게 살려는 사람에게는 아무런 의미도 없다. 그야말로 떠가는 구름과 같은 것이다.

불의라는 두 글자 속에는 공자의 세상을 차마 버리지 못하는 구세(救世)의 안타까움이 깃들어 있다.

사실 「부귀여부운」이란 단순한 말 가운데는 세상과는 전연 관련이 없는 은자(隱者)의 심정 같은 것이 풍기고 있다.

❻ 白沙靑松 (백사청송)

白沙靑松 흴 **白** 모래 **沙** 푸를 **靑** 소나무 **松**

흰 모래와 푸른 소나무라는 뜻으로, 흰 모래톱의 사이사이에 푸른 소나무가 드문드문 섞여 있는 바닷가의 아름다운 경치를 이르는 말.

❼ 置之度外 (치지도외)

置之度外　　둘 **置** 갈 **之** 법도 **度** 바깥 **外**

「치지도외」는 법도 바깥에 둔다는 뜻으로, 염두에 두지 않는다는 말이다. 《후한서》 외효전에 이런 이야기가 있다.

왕 망

서한 말 유수(劉秀)가 왕망(王莽) 정권을 타도하고 동한을 세운 뒤의 일이다. 광무제 유수가 새 나라를 세웠지만 아직도 군웅들이 할거하고 있었다. 그들 제후들은 겉으로는 동한을 섬기는 듯했지만, 속마음은 그렇지가 않았다.

게다가 왕망의 실정(失政)으로 인한 사회적 혼란으로 일어난 농민 반란군인 적미군(赤眉軍)이 그때까지도 횡행하고 있어서 광무제는 5년이란 세월을 허비하고 나서야 가까스로 통일을 이룩할 수 있었다. 그러나 감숙성의 외효와 사천성의 공손술은 여전히 강력한 세력으로 남아 있었다.

이때 외효는 자기 아들을 낙양으로 보내 벼슬을 하게 하는 등 유수에게 신하의 도리를 하는 척했지만, 속내는 그렇지 않았다. 또한 공손술은 스스로 촉왕이라 하면서 대군을 거느린 채 사천에 버티고 있었다.

당시 광무제는 이들을 제압할 힘이나 교통이 여의치 않게 되자, 「이 둘은 잠시 밀어 두자(且當置此兩者于度外耳)」라고 말했다고 하는데, 유수가 그들을 평정한 것은 상당한 세월이 흐른 뒤의 일이었다. 「치지도외」는 유수의 이 말에서 나온 것이다.

❽ 榮枯盛衰 (영고성쇠) 荣枯盛衰 영화 **榮** 마를 **枯** 성할 **盛** 쇠할 **衰**

개인이나 사회의 성하고 쇠함이 서로 뒤바뀌는 현상. 부침(浮沈), 승침(昇沈).

꽃이 피었다 지고 융성했다가 쇠퇴함.

세상 모든 일이 흥하고 망함을 거듭하는 이치를 가리킴.

세상일은 늘 좋을 수만도 없고 또 늘 나쁜 것만도 아니다. 좋은 일과 나쁜 일이 앞서거니 뒤서거니 하며 나타나는 게 세상 이치다. 흥망성쇠(興亡盛衰)와 뜻이 비슷하다.

35. 川流不息(천류불식) 淵澄取映(연징취영) 川流不息 渊澄取映

❶			潁(영)	川(천)	洗(세)	耳(이)	
❷		謬(유)	種(종)	流(유)	傳(전)		
❸				不(불)	共(공)	戴(대)	天(천)
❹	因(인)	循(순)	姑(고)	息(식)			
❺				淵(연)	澄(징)	取(취)	映(영)
❻		攬(남)	轡(비)	澄(징)	清(청)		
❼			巧(교)	取(취)	豪(호)	奪(탈)	
❽		孫(손)	康(강)	映(영)	雪(설)		

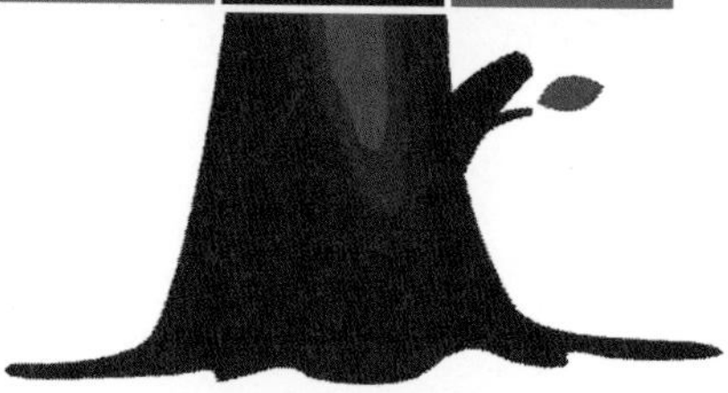

풀이

❶ 潁川洗耳 (영천세이)

颍川洗耳 강 이름 **潁** 시내 **川** 씻을 **洗** 귀 **耳**

영천에서 귀를 씻다. 소부(巢父)와 허유(許由)의 일에서 온 말로서, 불쾌한 이야기를 듣는 것을 싫어함으로써 몸가짐이 결백함을 비유하는 말이다.

진(晉)나라의 황보밀(皇甫謐)이 쓴 《고사전》에 있는 이야기다.

「고사(高士)」는 「품행이 고상한 선비」 또는 「재야의 은군자(隱君子) 」를 뜻하는 말로 「은사(隱士)」와 같은 의미로 쓰인다.

고사세이도(高士洗耳圖, 淸 예전)

일반적으로 중국 고대(특히 전국시대 이후)의 「사(士)」는 주로 문인 사대부를 지칭하는데, 이는 「사」와 「은사」의 두 부류로 나누어 볼 수 있다. 조정이나 지방의 관리로서 국록(國祿)을 먹고 생활하는 부류를 「사」라 하며, 이와는 반대로 청렴결백한 절조를 지니고 성명(性命)을 보전하면서 부귀영달을 하찮게 여기는 부류를 「은사」라 한다.

이러한 은사 또는 고사의 부류는 처사(處士) · 일사(逸士) · 유인(幽人) · 고인(高人) · 처인(處人) · 일민(逸民) · 유민(遺民) · 은자(隱者) · 은군자 등으로도 불린다.

허유세이도(許由洗耳圖, 청 임백년)

허유(許由)는 은자(隱者)로서, 사람됨이 의리를 지키고 행동이 바르며 옳지 않은 자리에는 앉지도 않고, 부정한 음식은 입에 대지도 않으며 살았다.

전설상의 성천자(聖天子) 요임금은 허유에게 왕위를 물려주려고 했으나 허유가 이를 받아들이지 않고 기산으로 들어가 버리자, 다시 그에게 구주(九州)의 장(長)을 맡아달라고 하였다. 이 말을 전해 들은 뒤 허유는 산 아래에 있는 영수강(潁水江)에서 귀를 씻었다.

그때, 허유의 친구 소부(巢父)가 강가로 송아지에게 물을 먹이러 왔는데, 허유에게 왜 귀를 씻고 있는지 물었다. 허유는 친구 소부에게 왕위와 벼슬을 거절한 과정을 처음부터 끝까지 설명하며 이렇게 말했다.

「깨끗하지 않은 말을 듣고 어찌 귀를 씻지 않겠는가?」

이 말을 듣자 소부는 크게 웃으며 말했다.

「그대가 깊은 계곡에 산다면 사람 다니는 길이 통하지 않을 텐데, 누가 자네를 볼 수 있단 말인가. 자네가 일부러 떠돌며 알려지기 바라 명예를 구해 그렇게 된 것이 아닌가?」

그리고 소부는 송아지에게 귀 씻은 더러운 물을 먹일 수 없다며 거슬러 올라가 송아지에게 물을 먹였다. 그리고 소부는 이렇게 중얼거렸다.

「나 본시 가난해 소 한 마리 있어 밭 갈고 산골짜기에 한가히 놓아두었다가 소타고 돌아올 적에 인적이 드믄 곳으로 오니 그때 귀 씻은 물을 소가 마실까 두렵네」

「세이공청(洗耳恭聽)」이라고도 한다.

❷ 謬種流傳(유종유전) 谬种流传 그릇될 **謬** 씨앗 **種** 흐를 **流** 전할 **傳**

옳지 못한 관행이 널리 퍼진다는 뜻으로, 잘못된 것을 후세에 전파한다는 말이다. 시험을 통하여 관리를 선발하는 과거제도는 송(宋)나라 이종(理宗) 때에 이르러 극단적으로 부패하게 되었다.

과거제도는 응시생 개인의 자의적인 견해를 인정하지 않고, 반드시 정해진 격식에 따라 유가(儒家)의 경전에 근거한 답안 작성을 요구하였다. 이러한 과거제도가 장기간 시행되자, 사람들은 죽은 학문에만 매달리게 되었고, 그들의 사상은 경직되었으며, 결국은 온갖 폐단을 낳게 되었다. 이에 대하여 양식 있는 많은 지식인들은 끊임없이 비평을 가했다.

하 담

이러한 지식인들 중에서 하담(何澹)은 직접 황제에게 글을 올려 조정에서 엄격하게 과거제도를 관리해 줄 것을 청하며 상소를 올렸다.

「만일 과거제도가 엄격하지 않다면, 선발된 사람들의 학식도 우수

하지 못할 것입니다. 몇 년 후 다시 그들에게 과거를 관장하게 한다면 이것은 시비(是非)가 뒤바뀐 일이 되고, 어리석은 자와 현명한 자가 뒤바뀌는 일이 되어, 그 상황은 더욱 심각해질 것이며, 이는 커다란 과오의 발단이 되어 자자손손 전해 내려가게 될 것입니다(是非顚倒逾甚 時謂之謬種流傳)」

당시의 이른바 선거는 지금처럼 투표로 하는 것이 아니라 시험을 쳐서 인재를 뽑아 쓰는 것이었다. 하담의 말은 「선발한 선비들의 질이 높지 못한데, 몇 년 뒤에는 또 그들이 시험관이 되어 인재를 뽑게 되니 시비가 전도되고 옳지 못한 관행이 유전된다」는 것이었다.

❸ 不共戴天(불공대천) 不共戴天 아니 **不** 함께 **共** 일 **戴** 하늘 **天**

「불공대천지수(不共戴天之讎)」라는 말이다.

「불공대천지수」는 글자대로 새기면 「함께 하늘을 이지 못할 원수」란 말이다. 「하늘을 인다」는 것은 「서서 걸어다닌다」는 뜻이다. 죽지 않고서는 한 하늘을 이고 다니지 않을 수 없다. 즉 함께 세상에 살아 있을 수 없는 원수, 상대를 죽이든가 아니면 내가 죽든가 해야 할 원수. 다시 말해 누가 죽든 결판을 내고 말아야 할 원수가 불공대천지수다. 혹 「불공대천지원수」라고도 한다.

이 말은 《예기》 곡례편에 나오는 꽤 오래된 말이다.

「아버지의 원수와는 함께 하늘을 이고 살 수 없고(父之讐弗與共戴天), 형제의 원수를 보고 무기를 가지러 가면 늦으며(兄弟之讐不反兵), 친구의 원수와는 나라를 같이 해서는 안 된다(交遊之讐不同國)」

부모와 형제와 친구의 원수를 어떻게 대하느냐 하는 윤리관을 말한 예가 되겠다. 부모를 죽인 원수는 내가 죽는 한이 있더라도 기어이 갚고 말아야 한다는 것을, 함께 하늘을 이지 않는다고 표현한 데 문장의 묘미가 있는 것도 같다.

칼을 돌이키지 않는다는 말은 좀 애매한 데가 없지 않아 해석들이 구구한데, 일단 원수를 만나면 다음날로 미루지 말라는 뜻인 듯하다. 부모의 원수는 찾아다녀서라도 기어이 갚아야 하지만, 형제의 원수는 마주치게 되었을 때 갚는 것에 차이점을 둔 것 같다. 친구의 원수와 나라를 같이하지 않는다는 것은, 죽일 것까지는 없지만 같은 조정에 벼슬을 한다거나, 한마을에서 조석으로 상종할 수 없다는 정도의 이야기인 것 같다.

❹ 因循姑息 (인순고식)

因循姑息 인할 **因** 좇을 **循** 시어미 **姑** 쉴 **息**

구습(舊習)을 지키며, 진취의 기상이 없이 구안(苟安)만 취함. 인순은 내키지 않아 머뭇거림. 구습을 지키고 버리지 않음. 고식은 우선 당장에 탈 없이 편안함.

부녀자나 어린아이가 꾸미는 계책, 또는 잠시 모면하는 일시적인 계책이라는 뜻의 「고식지계(姑息之計)」와 비슷한 의미로 쓰인다. 근본 해결책이 아니라 임시방편이나 당장에 편안한 것을 취하는 꾀나 방법을 말한다. 낡은 인습에서 벗어나지 못하고 눈앞의 편안함만을 추구한다는 의미이다. 속담의 「언 발에 오줌 누기」, 「눈 가리고 아웅 하기」와 뜻이 비슷하다.

《시자(尸子)》에 「은나라 주왕은 노련한 사람의 말을 버리고 부녀

자나 아이의 말만 사용하였다(紂棄老之言而用故息之語)」라는 구절이 나오는데, 눈앞의 손익만 보는 사람의 말을 들으면 화를 가져올 수 있다는 뜻이다.

《예기》 단궁편(檀弓篇)에, 「증자가 말하기를, 군자가 사람을 사랑할 때는 덕으로, 소인이 사람을 사랑할 때는 고식으로 한다(曾子曰 君子之愛人也以德 細人之愛人也以姑息)」라는 구절이 있다. 군자는 덕으로 사랑하므로 오래가고 소인은 눈앞의 이익을 두고 사랑하기 때문에 오래가지 못한다는 것이다.

❺ 淵澄取映 (연징취영)

淵澄取映　못 **淵** 맑을 **澄** 취할 **取** 비칠 **映**

못의 물이 맑으면 비추어 볼 수 있다. 《천자문》에 있는 말이다.

「냇물은 흘러 쉬지 않고, 못의 물이 맑으면 비추어 볼 수 있다(川流不息 淵澄取映)」

《논어》 자한편에 이런 말이 있다.

어느 날 공자가 흐르는 시냇물을 보며 「가는 세월이 냇물이 흐르는 것과 같구나. 밤낮을 가리지 않고 흐르니(逝者如斯夫 不舍晝夜)」

공자는 인생도 밤낮을 가리지 않고 시냇물처럼 흘러가므로 부지런히 도(道)와 학문을 쌓아야 한다고 자신을 일깨우고 있다.

「천류불식」과 같이 행한다면 인간은 「연징취영」의 상태에 도달한다. 사람이 덕을 닦는 데 게을리 하지 않고 학문에 정진하기를 쉬지 않는다면 큰 사람이 될 수 있다. 군자가 갖춰야 할 덕목은 죽을 때까지 자신의 품성과 학문을 끊임없이 닦는 노력이 필요한 것이다.

❻ 攬轡澄清 (남비징청)

揽辔澄清 잡을 **攬** 고삐 **轡** 맑을 **澄** 맑을 **淸**

말의 고삐를 잡아당기면서 천하를 맑게 할 것을 다짐한다는 뜻으로, 공직을 맡아 어지러운 정치를 새롭게 바로잡아 보겠다는 의지를 비유하는 말이다. 《후한서》 당고열전(黨錮列傳)에 있는 이야기다.

후한(後漢) 환제(桓帝) 때 범방(范滂)이라는 사람이 있었다. 이응(李膺), 두밀(杜密)과 함께 당시 청렴한 선비로 꼽혔던 사람으로, 자는 맹박(孟博)이다. 어려서부터 청절(淸節)을 닦아 고을에서 탄복하고 효렴(孝廉)으로 천거했다. 일찍이 청조사(淸詔使)와 광록훈주사(光祿勳主事)를 지냈다.

하북성 기주(冀州) 지방에 기근이 들어 백성들이 고통을 겪고 있는데다 탐관오리들의 부패와 가렴주구(苛斂誅求)로 굶주린 백성들이 사방에서 민란을 일으켰다. 그러자 조정에서는 범방에게 기주를 순행하며 백성들을 착취하는 무리들을 색출하고 백성들의 마음을 위로해 주라는 특별임무를 부여하여 파견하였다.

범방은 마차에 올라 출발하면서, 시국이 날로 어려워지는 것을 상기하고는 문득 비분강개를 느꼈다. 그리고는 자신이 나서서 간악한 무리들을 철저하게 가려내어 세상의 어지러움을 다스려 맑게 하겠다는 뜻을 굳게 다짐했다(登東攬轡 慨然有澄淸天下之志).

그는 태위 황경(黃瓊)의 집무실에서 자신의 임무를 수행하면서 각지의 관리 가운데 부패한 자들을 색출해 내어 탄원서를 올렸는데, 그 수가 무려 20여 명에 달했다.

그러나 그들 탐관오리의 뒤에는 조정 고관이 뒤를 봐주고 있었다. 그래서 범방은 황제에게 조정 고관들을 처벌할 것을 상소했으나 고관들이 오히려 황제에게 범방을 무고(誣告)하여 왕이 범방의 말을 듣지 않았다.

이렇게 되자 범방은 직인을 집무실에 걸어두고 고향으로 돌아갔다.

환제 연희(延熹) 9년(166) 범방은 환관당(宦官黨)의 부패를 기탄없이 공격하다가 당인(黨人)을 끌어 모은다는 죄목으로 파직되었다. 석방되었을 때 여남과 남양(南陽)의 사대부들이 마중 나와 수레만 수천 대였다고 한다. 그 뒤 영제(靈帝) 때 당인이 죽임을 당하자 범방은 스스로 옥(獄)에 나아갔다. 당시 현령 곽읍(郭揖)이 인수(印綬)를 풀고 함께 도망칠 것을 청했지만 듣지 않고 죽음의 길로 나갔다고 한다.

이때 어머니와 하직하며 「동생이 효성스러워 어머니를 충분히 봉양할 만하니, 저는 아버지를 따라 황천으로 돌아간다면 산 이와 죽은 이가 각기 제 장소를 얻을 것입니다. 오직 어머니께서는 사랑을 끊으시고 너무 슬퍼하지 마소서」 하고 말하니, 그의 어머니가 「너는 지금 이백(李白), 두보(杜甫)와 명성이 같으니 죽은들 무엇이 한이 되겠느냐. 이미 훌륭한 명성을 얻고 또 오래 살기까지 바란다면 그것을 겸해서 얻을 수 있겠느냐」 고 대답했다. 이때 범방의 나이 서른세 살이었다.

범방이 임지로 떠나면서 속으로 다짐한 결심 중 한 구절을 따 「남비징청(攬轡澄淸)」이라는 성어가 생겨났다.

❼ 巧取豪奪 (교취호탈) 巧取豪夺 공교할 **巧** 취할 **取** 호걸 **豪** 빼앗을 **奪**

온갖 술책을 다하여 백성을 착취하고 약탈하다. 백성들의 재물을 약탈하는 데 여념이 없는 탐관오리의 포악한 행위를 규탄하는 말. 교

투호탈(巧偸豪奪). 《청파잡지》

⑧ 孫康映雪(손강영설) 孙康映雪 손자 孫 편안할 康 비칠 映 눈 雪

당나라의 학자 이한(李瀚)이 지은 《몽구(蒙求)》에 있는 이야기다. 「손강은 눈빛, 차윤은 반딧불로 책을 읽었다(孫康映雪 車胤聚螢)」는 고사에서 나온 말이다.

진나라의 손강(孫康)은 공부하기를 좋아했지만 집이 가난해서 등불을 밝힐 기름조차 살 돈이 없었다. 그래서 겨울이면 그는 항상 눈(雪)빛으로 글을 읽었다. 그는 젊었을 때부터 마음이 맑고 지조가 굳었다. 때문에 친구도 함부로 사귀는 일이 없었다. 뒤에 관직에 나아가 벼슬이 어사대부(御史大夫 : 감찰원장)에까지 올랐다.

「진(晉)나라 차윤(車胤)은 집이 가난해서 기름을 구할 수 없었다. 여름이면 비단 주머니에 수십 마리의 반딧불이를 담아 글을 비추어 밤을 새우며 공부를 계속했다. 그는 마침내 이부상서(吏部尙書 : 내무장관)에까지 벼슬이 올랐다」라는 이야기가 실려 있다.

이 이야기에서 고학하는 것을 「형설(螢雪)」이니 「형설지공」이니 말하고, 공부하는 서재를 가리켜 「형창설안(螢窓雪案)」이라고 한다. 반딧불 창에 눈 책상이란 뜻이다.

눈빛과 반딧불로 글자를 볼 수 있었다는 것은, 글자가 굵은 것도 이유가 되겠지만, 그들이 그만큼 눈(眼)의 정기를 남달리 좋게 타고났기 때문이기도 했을 것이다.

36. 容止若思 言辭安定 (용지약사 언사안정) 容止若思 言辞安定

	1	2	3	4	5	6	7
❶	아 阿	유 諛	구 苟	용 容			
❷		명 明	경 鏡	지 止	수 水		
❸			방 傍	약 若	무 無	인 人	
❹		거 居	안 安	사 思	위 危		
❺				언 言	어 語	도 道	단 斷
❻	두 斗	주 酒	불 不	사 辭			
❼				안 安	보 步	당 當	거 車
❽	개 蓋	관 棺	사 事	정 定			

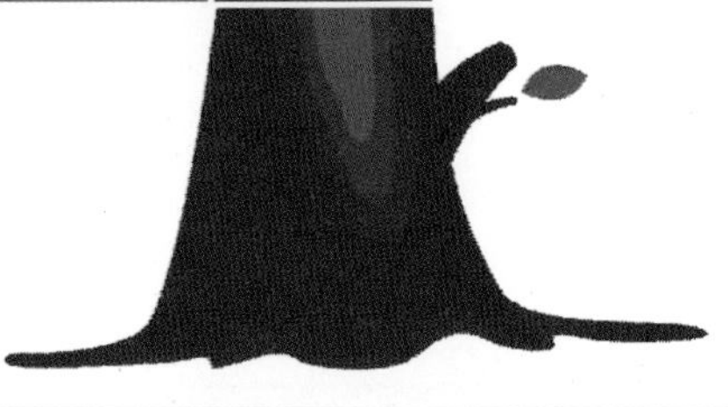

풀이

❶ 阿諛苟容 (아유구용)

阿谀苟容 언덕 **阿** 아첨할 **諛** 구차히 **苟** 얼굴 **容**

힘 있는 사람에게 잘 보이려고 구차하게 아부하다.

《사기》 염파인상여열전에 있는 이야기다.

전국시대 조(趙)나라의 명장 염파(廉頗)에게는 식객(食客)이 많았다. 싸움에 나갔다 하면 이기고 돌아오곤 하여 왕으로부터 하사받은 땅과 재물이 넉넉하여 곧잘 식객들에게 술자리를 베풀고 어울려 놀았다. 왕의 절대적인 신임을 받던 그가 진(秦)나라와의 일전(一戰)때 왕의 오해를 사게 되어 벼슬에서 쫓겨났다. 그러자 그의 식객들이 염파를 떠나버렸다.

얼마 후 조나라는 염파를 위문(尉文)에 봉하고 신평군(信平君) 호를 내리고 임시 재상에 임명했다. 앞서 염파가 장평에서 소환되어 세력을 잃었을 때 그전부터 있던 식객들은 모두 가버렸는데, 이제 임용되어 다시 장군이 되자 식객들은 또다시 모여들었다. 그리고 전처럼 염파에게 아첨을 하며 구차스러운 짓을 하는 것이었다(阿諛苟容).

염파는 역겨운 생각이 들어 식객들을 쫓아내려 하였다. 이때 식객 가운데 한 사람이 빙그레 웃으며 말하였다.

「그렇게 화내실 일이 아닙니다. 무릇 사람들은 자신에게 이익이 되는 곳에 붙게 되어 있습니다. 군주에게 권세가 있을 때는 군주를 따르고, 권세가 떨어지면 군주를 떠나는 것이 당연한 이치가 아니겠습니까. 떠났다 하여 원망할 것이 무엇이 있겠습니까?

이 말을 들은 염파는 탄식하며 말했다.

「이것이 바로 시도지교(市道之交 : 시장과 길거리에서 이루어지는 교제라는 뜻으로, 단지 이익만을 위한 교제)가 아니고 무엇이겠는가」

❷ 明鏡止水(명경지수) 明镜止水 밝을 **明** 거울 **鏡** 그칠 **止** 물 **水**

맑은 거울과 조용한 물. 맑고 고요한 심경.

사람의 마음이 맑고 조용한 것을 비유해서 명경지수와 같다고 한다. 불경에 흔히 사념(邪念)이 없이 맑고 깨끗한 마음을 가리켜서 명경지수라 말한다. 그러나 실상 이 말은 《장자》에서도 그 유래를 찾아볼 수 있다. 《장자》 덕충부에 다음과 같은 지어낸 이야기가 있다.

신도가(申徒嘉)는 발을 자르는 형을 받은 불구자였는데, 정나라 재상 자산(子産)과 함께 백혼무인(伯昏無人)을 스승으로 모시고 있었다. 하루는 자산이 신도가에게 말했다.

「내가 그대보다 먼저 선생님을 하직하고 나갈 때는 그대는 잠시 남아 있게. 그대가 먼저 나가게 되었을 때는 내가 잠시 남아 있을 테니」

이튿날 두 사람은 또 같은 방에 함께 있게 되었다. 자산은 또 어제와 똑같은 말을 하고는,

「지금 내가 먼저 나가려 하는데, 뒤에 남아주겠지? 설마 그렇게 못하겠다고 말하지는 않겠지. 그대는 재상인 나를 보고도 조금도 어려워하는 기색이 없는데, 그대는 자신을 재상과 같다고 여기는가?」

그러자 신도가가 말했다.

「선생님 밑에 재상과 같은 것이 있을 수 있겠소. 당신은 자신이 재상이란 것을 자랑하여 남을 업신여기고 있는 거요. 나는 이런 말을 듣

고 있소. 『거울이 밝으면 먼지가 앉지 못한다(鑑明則塵垢不止). 먼지가 앉으면 거울은 밝지 못하다. 오래 어진 사람과 같이 있으면 허물이 없다』고 말이오. 그런데 지금 당신은 큰 도를 배우기 위해 선생님 밑에 다니면서 이 같은 세속적인 말을 하니 좀 잘못되지 않았소?」

자 산

여기에 나오는 밝은 거울은 어진 사람의 때 묻지 않은 마음을 비유하고 있다. 같은 「덕충부편」에는 또 역시 발이 잘린 왕태(王駘)라는 불구자의 이야기가 공자와 공자의 제자인 상계(常季)와의 문답 형식으로 나온다. 왕태의 문하에서 배우는 사람의 수는 공자의 문하에서 배우는 사람의 수만큼 많았다. 그래서 상계는 속으로 그것을 다소 불만스럽게 생각하고 공자에게 그 까닭을 물었다.

「왕태는 몸을 닦는 데 있어서, 자신의 지혜로써 자신의 마음을 알고, 그것에 의해 자신의 본심을 깨닫는다고 합니다. 이것은 어디까지나 자기 자신만을 위한 공부로서 남을 위하거나 세상을 위한 공부는 아닙니다. 그런데도 어떻게 그토록 많은 사람들이 그에게 모여드는지 알 수 없습니다」

공자는 이렇게 대답했다.

「사람은 흐르는 물을 거울로 삼는 일이 없이 멈추어 있는 물을 거울로 삼는다(人莫鑑於流水而鑑於止水). 왕태의 마음은 멈추어 있는 물처럼 조용하기 때문에 사람들은 그를 거울삼아 모여들고 있는 것이다」

여기서는 왕태의 고요한 마음이 멈추어 있는 물(止水)에 비유되고 있다. 이 「명경지수」란 말은 《장자》의 이 두 가지 이야기에서 나온 말인데, 송(宋)나라 때 선비들이 선가(禪家)의 영향을 받아 즐겨 이 말을 써 왔기 때문에, 뒤에는 이 말이 가진 허(虛)와 무(無)의 본뜻은 없어지고, 다만 고요하고 담담한 심정을 비유해서 쓰이게 되었다.

❸ 傍若無人(방약무인) 傍若无人 곁 **傍** 같을 **若** 없을 **無** 사람 **人**

남의 입장을 생각지 않고 거리낌 없이 함부로 행동함.

《사기》 자객열전에 있는 이야기다.

전국시대도 거의 진(秦)의 통일로 돌아가 시황제의 권위가 군성(群星)을 눌렀을 때의 일이다. 위(衛)나라 사람으로 형가(荊軻)라는 자가 있었다. 선조는 제(齊)나라 사람이었으나, 그는 위(衛)로 옮겨 살며, 거기서 경경(慶卿)이라 불리었다.

책을 읽는 것과 칼을 쓰는 것을 즐겨했다. 국사에도 마음을 쓰고 있었으므로 위의 원군(元君)에게 정치에 대한 의견을 말했으나 채택되지 않았고, 그 후로는 제국을 표박(漂迫)하며 돌아다닌 듯하다. 사람 됨됨이 침착하여 각지에서 현인, 호걸과 사귀었다. 그 유력(遊歷)하는 동안의 이야기로서 다음과 같은 것이 전해진다.

산서(山西)의 북부를 지날 때, 개섭(蓋聶)이라는 자와 칼에 대해 논했다. 개섭이 화를 내고 노려보자, 형가는 곧 일어나 떠나버렸다. 어떤 이가 개섭에게 형가하고 다시 한 번 논하면 어떻겠느냐고 하자,

「아니야, 여관에 가 보게나, 벌써 떠나고 없을 테니까」

그래서 사람을 시켜 여관에 가 보니 과연 형가는 떠나버린 뒤였다. 이 말을 들은 개섭이 말했다.

「물론 그렇겠지. 방금 내가 노려보아 위협을 주었으니까」

또 형가가 한단(邯鄲)에 갔을 때다 노구천(魯句踐)이란 자와 쌍륙(雙六) 놀이를 하여 승부를 다투었다. 노구천이 화를 내며 소리치자 형가는 말없이 도망쳐 다시는 돌아오지 않았다고 한다.

그는 연(燕)나라로 갔다. 거기서 사귄 것이 전광(田光)과 축(筑)의 명수인 고점리(高漸離)였다. 축은 거문고와 비슷한 악기로서 대나무로 만든 현을 퉁겨서 소리를 낸다. 이 두 사람과 형가는 날마다 큰 길거리로 나가 술을 마셨다. 취기가 돌면 고점리는 축을 퉁기고 형가는 거기에 맞추어 노래하며 함께 즐겼다. 감상이 극에 달하면 함께 울기도 했다. 마치 곁에 아무도 없는 것 같았다(傍若無人).

역수 가의 형가(겸재 정선, 국립중앙박물관)

「방약무인」이란 말은 《사기》 자객열전에 나오는 것이 처음이다. 곁에 아무도 없는 것같이 남의 눈도 생각하지 않고 제멋대로 행동하는 것이다. 그 때의 사람들은 대개가 형가의 이 행동을 그렇게 생각하고 있었겠지만, 「방약무인」 하면 제 고집만을 주장하는 무례함을 가리키는 수가 많다. 열심히 골몰해서 「방약무인」 한 것과 그저 품성에 따라 그런 것과 사람에 따라 각각 다르다.

하북성 이현 역수 가에 있는 형가탑

형가는 나중에 연나라 태자 단(丹)의 부탁을 받고 진왕(秦王)을 쓰러뜨리기 위해 죽음을 다짐한 길을 떠난다. 배웅하는 사람들 틈에 고점리도 있었는데, 그들은 마침내 역수(易水) 가에서 작별하게 되었다. 이때 고점리는 축을 퉁기고 형가는 화답해서 저 「바람은 쓸쓸하고 역수는 차가운데, 장사 한 번 가면 다신 돌아올 수 없으리(風蕭蕭兮易水寒 壯士一去兮不復還)」 하는 노래를 불렀다.

이 두 사람, 형가는 끝내 진왕의 암살을 성사시키지 못한 채 죽고, 고점리는 뒤에 장님이 되면서도 친구의 원수를 갚으려고 진왕을 노리다가 역시 실패하여 형가의 뒤를 따라가게 된다.

그리하여 앞서 말한 노구천은 형가에 대한 자기의 불명(不明)을 부끄럽게 생각했다고 한다. 그러나 이 역수에서 이별할 때, 두 사람은 그와 같은 일을 알 턱이 없었다. 한 사람은 축을 퉁기고 한 사람은 노래하며 마치 곁에 아무도 없는 듯했었을 것이다.

❹ 居安思危 (거안사위)

居安思危 살 **居** 편안 **安** 생각할 **思** 위태할 **危**

편안하게 있을 때 위태로움을 생각하다. 근심이나 걱정거리가 없을 때 장차 있을지 모를 위험에 미리 준비하고 대비하라는 말로서, 「유비무환(有備無患)」과 같은 말이다.

《춘추좌씨전(春秋左氏傳)》에 있는 이야기다.

춘추전국시대, 정(鄭)나라가 초(楚)나라의 침략을 받았을 때 당시 세력이 강하던 진(晉)나라는 11개국의 제후(諸侯)를 설득하여 초나라를 규탄하고 동맹을 맺어 응징하자고 앞장을 섰다.

결국 열두 나라는 정나라를 도와 승리를 거두었는데, 강화 후 정나라는 진나라의 은혜에 보답하여 전차(戰車)를 비롯한 많은 병기와 3명의 악사(樂師), 16명의 미인을 보냈다.

진나라 왕 도공(悼公)은 이 사례품의 반을 이번 싸움에 크게 공을 세운 충신 위강(魏絳)에게 하사하면서 그의 공을 치하하고 위로하였다.

위강은 굳이 사양하면서 왕에게 아뢰었다.

「폐하께서는 생활이 편안하면 위험을 생각하고, 그렇게 생각하면 준비를 갖추어야 화를 면할 수 있다(居安思危 思則有備 有備無患)는 이치를 받아들이시기 바랍니다」

결국 위강은 세 번 사양한 뒤 그 하사품을 받았다.

❺ 言語道斷 (언어도단) 言语道断 말씀 言 말씀 **語** 길 **道** 끊을 **斷**

말할 길이 끊어졌다는 뜻으로, 어이가 없어서 말하려 해도 말할 수 없음을 이르는 말.

《영락경(瓔珞經)》에 있는 말이다.

「언어도단」은 불교에서 말하는 「언어도단심행처멸(言語道斷心行

處滅)」의 줄임말로서, 「말의 길이 끊어지고 마음 가는 곳이 없어진다」는 말이다. 곧 절대의 깨달음의 세계를 표현하는 데 쓰이는 말로, 언어에 의해서 표현할 수도, 사고로 생각하여 짐작할 수도 없다는 의미이다. 「심행처멸(心行處滅)」은 마음의 작용이 미치지 못하는 절대경계의 본체심(本體心), 곧 「사량분별(思量分別)」이 끊어진 경계를 말한다.

선(禪)의 특징이 언어를 넘어서는 데 있다. 불가에서는 「이심전심」이나 불립문자(不立文字 : 불도의 깨달음은 마음에서 마음으로 전하는 것이므로 말이나 글에 의지하지 않는다는 말)를 통해 언어로는 사물의 있는 그대로의 모습인 진여(眞如)의 묘체를 전할 수 없다고 한다. 이때 전한다는 것은 대상이 이해할 수 있는 방식으로, 즉 언어로 옮겨준다는 의미이다.

《노자》에서 말하는, 「도를 도라고 말하면 그것은 늘 그러한 도가 아니다(道可道非常道)」 그러므로 궁극적인 깨달음은 언어에 얽매이지 않고 스스로 깨쳐야 한다고 주장한다.

❻ 斗酒不辭 (두주불사)

斗酒不辭 말 **斗** 술 **酒** 아닐 **不** 사양할 **辭**

말술을 사양하지 않는다는 뜻으로, 주량이 세다는 말.

《사기》 항우본기에 있는 이야기다.

진(秦)나라 말, 초왕(楚王) 항우와 패공(沛公) 유방은 진의 수도 함양을 향해 각기 하북과 하남에서 진격하였다. 함양을 먼저 점령한 사람이 관중의 왕이 된다는 약속이 있었던 것이다. 함양을 먼저 점령한 것은 유방이었다. 그러나 군사력이 항우에 미치지 못하는 유방은 함양의 모든 재물과 궁궐을 그대로 둔 채 패상(覇上)으로 물러나 진을 쳤다.

한편 유방이 먼저 함양을 점령했다는 소식을 들은 항우는 노하여, 유방군이 지키는 함곡관을 깨뜨리고 들어와 신풍(新豊)의 홍문(鴻門) 산자락에 포진하였다. 이때 군사(軍師) 범증(范增)이 항우에게 권했다.

「유방이 산동에 있을 때는 재물을 탐내고 계집을 좋아했습니다. 그러나 함곡관에 들어온 이후로는 재물을 취하지도 않고 여자도 가까이하지 않고 있습니다. 이는 그의 뜻이 결코 작지 않다는 증거입니다. 속히 공격하여 때를 놓치는 일이 없도록 하십시오」

홍문연

항우의 숙부로, 일찍이 죄를 지었는데, 장량이 구해준 인연으로 유방의 휘하로 들어온 항백(項伯)을 통해 이러한 항우 군의 움직임을 알아챈 유방은 근위병만을 대동하고 항우에게 사과의 방문을 하였다.

이렇게 하여 열린 모임이 유명한 홍문연(鴻門宴)이다. 연회가 한창 무르익을 무렵, 미리 범증의 지시를 받은 항장(項莊)이 흥취를 돋운다는 구실로 검무를 추기 시작하자, 항백이 급히 칼을 뽑아들고 춤판에 끼어들었다. 이를 지켜보던 유방의 책사 장량(張良)은 급히 군문을 뛰쳐나와 번쾌(樊噲)를 찾았다.

「지금 항장이 칼을 빼서 춤을 추는데, 패공을 노리고 있다!」

홍문연 유지의 항우와 유방의 참모들 석상

이 말을 들은 번쾌는 제지하는 수위장교들을 한 팔로 밀어붙이고 장막을 들고 안으로 들어가 찢어진 눈으로 항우를 노려보았다. 항우는 칼을 잡고 벌떡 일어나 물었다.

「이 자는 누구인가?」

「패공을 시위하는 장수입니다」 하고 장량이 대답하자, 항우는 번쾌의 기상을 가상히 여겨 말했다.

「이 자는 장사로구나. 술을 한잔 주어라!」

큰 잔에 술을 부어주자, 번쾌는 감사의 예를 표한 후 단숨에 들이켰다. 그리고는 칼을 뽑아 익히지 않은 돼지다리를 썰어 그대로 먹어치웠다. 이를 본 항우가 말했다.

「장사로다. 더 마실 수 있겠는가?」 하고 묻자, 번쾌가 대답했다.

「죽음도 사양하지 않을진대 고작 술 한 잔쯤을 사양하리까(卮酒安足辭)」

「치주안족사(卮酒安足辭)」 라는 말에서 「두주불사」 란 말이 생겨난 것으로, 본래 장수들의 기개를 표현하던 것이었으나, 뜻이 변하여 주량이 센 사람을 가리키는 말로 쓰이게 되었다.

❼ 安步當車(안보당거) 安步当车 편안할 **安** 걸음 **步** 마땅할 **當** 수레 **車**

「걸어 다니는 것이 수레를 타고 다니는 것보다 편하다」 라는 뜻으로, 벼슬자리를 부러워하지 않는 청렴한 생활을 비유하는 말이다.

《전국책》 제책(齊策)에 있는 이야기다.

전국시대 제(齊)나라에 안촉(安蠋)이라는 재주가 많은 사람이 살고 있었는데, 벼슬에는 별 뜻이 없어 은둔생활을 하고 있었다.

제선왕

안촉이 하루는 제선왕(齊宣王)의 부름을 받고 하는 수 없이 터덜터덜 입궐했다. 그런데 왕은 오만무례하게도 난데없이,

「촉, 자네 이리 오게!」 하고 호령하는 것이었다.

뜻밖에 호령을 들은 안촉은 그 자리에 우뚝 선 채 눈 한번 깜빡하지도 않고, 「왕, 그대 이리 오너라!」 하고 소리쳤다.

그러자 질겁한 만조백관들이 일시에 일어서서 힐책하였다.

「한 나라의 임금 앞에서 이름도 없는 일개 선비가 어찌 그럴 수 있

유하혜

느냐? 무엄하기 짝이 없구나!」

그러나 안촉은 눈도 꿈쩍 않고 대답했다.

「바로 그렇기 때문에 내가 그런 것이오. 들어 보시오. 내가 만약 걸어 나아가면 임금에게 굽실거리는 것이 되고, 임금이 걸어오면 선비를 존중하는 것이 될 게 아닙니까?」

이 말을 들은 제선왕이 화를 벌컥 내며 물었다.

「도대체 선비가 고귀한가, 아니면 임금이 고귀한가?」

안촉은 선비가 고귀하다고 하면서 이렇게 설명을 덧붙였다.

「전에 진(晋)나라가 제나라를 치려고 노(魯)나라를 지날 때 선비 유하혜(柳下惠)의 무덤을 보호하기 위해 주변 50보 안에서 풀잎 하나 나뭇가지 하나라도 꺾는 자는 참수형에 처한다고 하였습니다. 그런데 진나라 군대가 제나라에 진격해 들어간 뒤에는 제나라 임금의 머리를 베어 오는 자에게 만호후(萬戶侯)의 벼슬을 내리고 더해서 상금 2만 5천 냥까지 준다고 하였지요. 이로 보건대 살아 있는 임금의 머리가 죽은 선비의 무덤보다 못한 줄 압니다」

제선왕은 안촉이 녹록한 인물이 아님을 알고 높은 벼슬과 부귀영화를 약속하며 그를 유혹해 보았지만, 안촉은 고개를 가로저으면서 이렇게 대답했다.

「식사를 늦추어 출출하면 고기를 먹듯 맛날 것이고, 편히 조심해 걸으면 수레를 탄 듯 할 것이며, 나쁜 짓을 하지 않고 죄를 짓지 않는다면 귀한 것이 될 것이고, 청렴결백하게 살아가면 스스로 즐거울 것입니다(晩食以當肉 安步以當車 無罪以當貴 淸淨正以自誤)」

이렇게 해서 나온 말이 「안보당거」인데, 처음에는 청렴한 생활을 한다는 뜻으로 쓰이다가 나중에는 벼슬아치들이 벼슬자리에서 밀려났을 때 이런 말을 해서 자신을 위로하였다. 그러나 지금은 단순하게 보행을 비유하는 말로도 사용한다.

❽ 蓋棺事定 (개관사정) 盖棺事定 　 덮을 **蓋** 널 **棺** 일 **事** 정할 **定**

사람은 죽은 후에야 그 사람의 살아 있을 때의 가치를 알 수 있다.

사람의 일을 두고 흔히 하는 말이다. 오늘의 충신이 내일에는 역적 소리를 듣게도 되고, 어제까지 천덕꾸러기 노릇을 하며 이 집 저 집 얻어먹으며 다니던 사람이 하루아침에 벼락부자가 되고 벼락감투를 쓰게 된 예는 얼마든지 있다. 말하자면 관 뚜껑을 닫고 나서야 비로소 일은 정해진다는 말이다.

부귀와 성쇠(盛衰) 같은 것은 원래가 그런 것이기도 하지만, 세상이 다 변해도 그 사람만은 틀림이 없다고 철석같이 믿었던 사람이 시간이 흐르고 환경이 변하는 데 따라 전연 딴판으로 달라지는 수도 적지 않다.

하기야 관 뚜껑을 닫고 난 뒤에도, 죽은 사람이 살았을 때 저질렀던 일로 인해, 이른바 부관참시(剖棺斬屍 : 관을 깨뜨려 시체를 벰)의 추형(推刑)을 가하는 일도 때로는 있으므로 엄격한 의미에서는 「관 뚜껑을 닫은 뒤에도 알 수 없는 것이 사람의 일」이라 할 수 있다. 그러나 그것은 역사적인 인물이나 역사적인 사건에서나 있었던 일이므로 논외로 하고, 역시 사람은 숨을 거두면 그것으로 모든 게 끝난다고 보는 것이 정당할 것이다. 여기서 두보(杜甫)의 시 한 편을 소개해 보자.

그대는 보지 못했는가, 길가에 버려진 못을.
그대는 보지 못했는가, 앞서 꺾여 넘어진 오동나무를.
백 년 뒤, 죽은 나무가 거문고로 쓰이게 되고,
한 섬 오랜 물은 교룡(蛟龍)을 품기도 했다.
장부는 관을 덮어야 일이 비로소 결정된다.
그대는 다행히 아직 늙지 않았거늘,
어찌 원망하리요, 초췌히 산 속에 있는 것을.
심산궁곡은 살 곳이 못되는 곳.
벼락과 도깨비와 미친바람까지 겸했구나.

君不見道邊廢棄池	君不見前者催折桐	군불견도변폐기지	군불견전자최절동
百年死樹中琴瑟	一斛舊水藏蛟龍	백년사수중금슬	일곡구수장교룡
丈夫蓋棺事始定	君今幸未成老翁	장부개관사시정	군금행미성로옹
何恨憔悴在山中	深山窮谷不可處	하한초췌재산중	심산궁곡불가처
霹靂魍魎兼狂風		벽력망량겸광풍	

이 시는 두보가 사천성 동쪽 기주(夔州)의 깊은 산골로 낙백해 들어와 가난하게 살고 있을 때, 역시 거기에 와서 살며 실의에 찬 나날을 보내고 있는 친구의 아들 소계(蘇溪)에게 편지 대신 보내준 시다.

시 제목은 「군불견(君不見)」이라 하는데, 첫머리에 이 같은 가락을 넣는 것을 악부체(樂府體)라 한다. 시의 내용은 이렇다.

길가의 오래된 못도 옛날엔 그 속에 용이 살았고, 오래 전에 썩어 넘어진 오동나무도 백 년 뒤에 그것이 값비싼 거문고 재료로 쓰이게 되듯이, 사람은 죽어 땅에 묻힌 뒤가 아니면 어떻게 될지 아무도 알 수 없다. 다행히 아직 젊지 않은가. 굳이 이런 산중에서 초라하게 살며 세상을 원망할 거야 없지 않은가. 이런 심산궁곡은 사람이 살 곳이 못된다. 언제 벼락이 떨어질지 요귀가 나타날지 미친바람이 몰아칠지 모른다.

두보 초당

37. 篤初誠美 愼終宜令 笃初诚美 慎终宜令

(독초성미 신종의령)

❶	독초성미	篤初誠美
❷	수구초심	首丘初心
❸	성중형외	誠中形外
❹	진선진미	盡善盡美
❺	신종추원	愼終追遠
❻	시종불투	始終不渝
❼	의가지락	宜家之樂
❽	삼령오신	三令五申

풀이

❶ 篤初誠美 (독초성미) 笃初诚美 도타울 **篤** 처음 **初** 정성 **誠** 아름다울 **美**

시작할 때 온 힘을 쏟는 것은 참으로 아름답다.

《천자문》에 있는 말이다.

「시초를 돈독하게 함은 참으로 아름다운 일이나, 결말을 온전히 마무리하도록 마땅히 경계해야 한다(篤初誠美 愼終宜令)」

즉, 시작할 때 온 힘을 쏟는 것은 참으로 아름답고, 마무리를 삼가면 마땅히 좋게 된다는 것으로, 이런 사람이 유덕(有德)한 선비요 또한 지혜로운 사람이라 할 것이다. 그러나 사람의 일이란 시작은 있어도 끝이 없는 경우가 매우 많다.

「아아, 끝맺음을 삼가기를 시작할 때처럼 하라(嗚呼愼厥終惟其始)」는 선인의 탄식을 되새겨 봐야 할 것이다.

《시경(詩經)》에 실려 있는 「탕(蕩)」이라는 시(詩)는,

어떤 시인이 여왕(厲王)이 포악무도한 정치로 말미암아 장차 망할 것이라는 것을 알고 지은 것이다.

이 시에서,

「처음부터 잘못하는 자 별로 없지만, 끝까지 잘하는 자 또한 적다」고 했다. 주(周)나라를 세운 초기 무왕과 성왕, 강왕의 왕업(王業)이 지속되지 못하고 그 후손인 여왕에 와서 무너지는 것을 한탄한 것이다.

「탕(蕩)」이라는 시(詩)의 구절은 비단 왕조의 흥망사(興亡史)일 뿐만 아니라 조직 혹은 개인의 흥망에 대한 이야기이기도 한 것이다.

❷ 首丘初心 (수구초심)

首丘初心 머리 **首** 언덕 **丘** 처음 **初** 마음 **心**

여우가 죽을 때에 머리를 자기가 살던 굴 쪽으로 바르게 하고 죽는다는 뜻으로, 고향을 그리워하는 마음을 비유한 말이다.

강태공 여상

《예기》 단궁상편(檀弓上篇)에 나오는 말이다. 은나라 말 강태공 여상(呂尙)은 위수 가에 사냥 나왔던 창(昌)을 만나 함께 주왕을 몰아내고 주(周)나라를 세웠다. 그 공로로 영구(營丘)라는 곳에 봉해졌다가 그곳에서 죽었다. 하지만 그를 포함하여 5대손에 이르기까지 다 주나라 천자의 땅에 장사지내졌다. 이를 두고 당시 사람들은 이렇게 말했다.

「음악은 자연적으로 발생하는 것을 즐기며, 예란 그 근본을 잊어서는 안 된다. 옛사람이 말하기를, 여우가 죽을 때 머리를 자기가 살던 굴 쪽으로 향하는 것은 인이라고 하였다(古之人有言 曰狐死正丘首仁也)」

이 말에서 유래하여 고향을 그리워하는 마음, 또는 근본을 잊지 않는 마음을 일컫는다.

「호사수구(狐死首丘)」라고도 한다.

❸ 誠中形外 (성중형외) 诚中形外 정성 **誠** 가운데 **中** 모양 **形** 바깥 **外**

속마음에 들어 있는 참된 것은 숨기려 해도 자연히 밖에 나타나게 된다. 《대학》 성의장(誠意章)에 나오는 말인데, 이 장에는 우리들의 일상생활에 쓰이는 문자들이 많기 때문에 전체를 설명해야 할 필요가 있을 것 같다.

「이른바 그 뜻을 정성되게 한다는 것은, 스스로 속이지 않는 것이다(毋自欺), 나쁜 냄새를 싫어하듯 하며 좋은 색(色)을 좋아하듯 하는 것이 스스로 마음 편하게 하는 것이다(自謙). 그러므로 군자는 반드시 그 홀로 있을 때를 조심한다.

이것이 첫 대문인데, 여기에 나오는 스스로 속이지 않는다는 「무자기(毋自欺)」와, 스스로 마음이 편하다는 「자겸(自謙)」과, 홀로 있을 때를 조심한다는 「신독(愼獨)」이란 말들이 다 잘 쓰이는 말들이다. 또 「나쁜 냄새를 싫어하듯 하며, 좋은 색을 좋아하듯 한다」고 한 「여오악취여호호색(如惡惡臭如好好色)」이란 긴 문자도 인용구로 잘 쓰이는 말이다.

「무자기」는 양심에 조금도 거리낌이 없는 것을 말하고, 「자겸」은 그로 인해 얻어지는 마음의 평화와 자기만족을 뜻하며, 「신독」은 남이 보고 있을 때보다 홀로 있을 때의 마음가짐과 행동을 더욱 조심한다는 뜻으로 성의(誠意)란 바로 이것을 말하는 것이다.

우리가 흔히 말하는 「남의 성의를 몰라준다」는 성의는 여기에 나오는 성의와는 약간 어감이 다르긴 하지만, 거짓이 없는 참뜻이란 점에서는 같은 말이다. 다음 대문에는 이렇게 말하고 있다.

「소인(小人)이 한가하게 있을 때면 착하지 못한 일을 하는 것이, 이르지 않는 바가 없다(無所不至). 그러다가 군자(君子)를 보면 씻은 듯이 그의 착하지 못한 것을 감추고 그의 착한 것을 나타내려 한다. 그러나 남이 나를 보기를 자기 속 들여다보듯 하는데 무슨 소용이 있겠는가. 이것을 일러 속에 참된 것이 있으면 밖에 나타난다고 한다(此謂誠於中形於外). 그러므로 군자는 반드시 그 홀로 있을 때를 조심한다」

마음가짐과 행동이 남이 보는 앞에서의 그의 말과 태도와 전연 배치되는 것이 소인이다. 이들 소인은 한가한 때면 남이 상상조차 할 수 없는 갖은 악한 짓을 거리낌 없이 하게 된다. 이것이 「무소부지(無所不至)」다. 우리가 「무소부지」라고 하면 악한 경우만을 뜻하게 되는 것도, 그 말이 소인의 하는 것을 가리킨 데서 나왔기 때문이다.

증 자

그런 소인이 덕이 있는 군자가 보는 앞에서는 그의 착하지 못한 마음을 씻은 듯한 태도로 숨기고, 애써 착하게 보이려 한다. 하지만 사람들은 그것을 자기 속 들여다보듯 하고 있으므로 숨겨도 아무 소용이 없다. 이런 것을 일러, 마음속에 들어 있는 진실은 아무리 숨겨도 밖에 나타나게 된다고 한다. 이것이 이른바 「성중형외」란 것이다.

그러므로 수양을 쌓는 군자는 언제나 남이 보지 않는 한가한 장소와 한가한 때를 더욱 조심하게 된다. 해서 「신독」을 거듭 강조하고 있다.

다음 대문에 「열 눈이 보고 열 손이 가리킨다(十目所視 十手所指)」는 증자(曾子)의 말이 나온다.

❹ 盡善盡美 (진선진미) 尽善尽美 다할 盡 착할 善 아름다울 美

「진선진미」는 착함을 다하고 아름다움을 다했다는 말로 더 이상 바랄 것이 없을 만큼 잘 되어 있다는 뜻으로 많이 쓰인다.

이 말은 《논어》 팔일편에 있는 공자의 말에서 비롯된다.

그러나 원문에는 「진미진선(盡美盡善)」으로 나와 있다. 즉 공자가 순임금의 악곡인 소(韶)와 무왕의 악곡인 무(武)를 감상한 말이다. 공자께서 소를 일러 말하기를, 「아름다움을 다하고 또 착함을 다했다 하시고(子謂韶 盡美矣 又盡善也), 무를 일러 말씀하시기를, 아름다움을 다하고 착함을 다하지 못했다고 하셨다(謂武 盡美矣 未盡善也)」

순임금

순임금은 요임금에게서 천하를 물려받아, 다시 이것을 우임금에게 물려주었다. 순임금의 그러한 일생을 음악에 실어 나타낸 것이 「소」라는 악곡이었다.

순임금이 이룬 공은 아름다웠고 그의 생애는 착한 것의 연속이었다. 그러므로 그 이상 아름다울 수도 착할 수도 없

주무왕

는 일이었다. 공자는 이 악곡을 들으며 석 달 동안 고기 맛을 몰랐다고 한다.

무왕은 은의 주(紂)를 무찌르고 주나라를 창건한 사람이다. 그가 세운 공은 찬란하지만, 혁명이란 방법을 택하지 않으면 안 되었던 그 과정은 완전히 착한 일은 될 수 없었다. 그러므로 공은 아름다워도 동기와 과정만은 착한 것이 될 수 없었다. 결국 미는 이룬 결과를 말하고, 선은 그 동기와 과정을 말하는 것이다. 그러나 오늘날 우리가 쓰고 있는 「진선진미」는 그런 구별 없이 아무런 결점도 없는 완전무결한 것을 말한다.

❺ 愼終追遠(신종추원) 愼终追远 삼갈 **愼** 마칠 **終** 따를 **追** 멀 **遠**

부모의 장례를 엄숙히 하고 조상의 제사를 정성스레 올린다는 뜻이다. 《논어》에서 가장 중요한 구절 중의 하나로 유가사상을 대변하는 구절이다. 《논어》 학이편에 있는 말이다.

증자(曾子)가 말했다.

「상례를 정성껏 하고, 제사를 정성껏 지내면 백성의 덕이 두터워질 것이다(愼終追遠 民德歸厚矣)」

「신종(愼終)」이란 마지막 가는 분에게 삼가 조의를 표하는 예를 말하는 것이고, 「추원(追遠)」이란 이미 떠나신 분을 추억하여 표하는 예를 말한다. 즉, 초상과 제사에 정성을 다하는 것을 의미한다.

윤길보 묘

증자는 계모 밑에서 구박을 받으며 자랐지만 효성이 지극하였다. 아내가 부모의 밥상에 나물을 덜 익힌 채로 올리자 아내를 내쫓고 평생 혼자 살았다.

아들이 재혼을 권유하자, 그는 말했다.

「고종(高宗)은 후처 때문에 효기(孝己)를 죽였고, 윤길보도 후처 때문에 백기를 내쳤다. 나는 위로는 고종에게 못 미치고 길보에게도 비교할 수 없는데, 그들이 겪은 이런 일들이 내게도 닥치지 않는다고 장담할 수 있겠느냐?」

이런 그이니 평소에 효와 제사를 강조했다. 그러므로 유교에서 효의 연장선상인 장례와 제례를 강조하는 말이다.

❻ 始終不渝(시종불투) 始终不渝 처음 **始** 끝날 **終** 아닐 **不** 달라질 **渝**

시종일관하다. 처음부터 마지막까지 변함이 없다는 뜻으로 절개나 정조, 맹세 같은 것이 변치 않음을 일컫는 말이다.

불투(不渝)는 변치 않는다는 뜻으로 《시경》에 있는 말이다. 「정풍(鄭風)」과 「고구(羔裘)」 첫 구절에 보면, 「염소가죽 옷은 윤기가 나니 참으로 부드럽고 아름답구나. 저기 저 우리 님이여, 명령을 받음에 변함이 없구나(羔裘如濡洵直 且侯彼其之子 舍命不渝)」라는 표현이 나온다.

《진서(晉書)》 사안전(謝安傳)에도 이런 말이 있다.

사안 은거도

동진 때 사안(謝安)이라는 사람이 있었다. 젊은 시절부터 이미 이름이 알려진 터라, 양주자사(揚州刺使) 유빙(庾聘)이 그를 찾아가 한사코 관직에 나와 줄 것을 청하였다. 사안은 하는 수 없이 부임은 하였지만, 한 달 만에 사직하고 집으로 돌아와 버렸다.

조정에서는 계속하여 그에게 관직을 주었지만, 그는 모두 사양하고 벼슬에 나서지 않고 회계(會稽)의 동산에 은거하면서 늘 왕희지와 함께 자연을 즐기며 시를 짓고 정사에는 전혀 관심이 없었다.

그러나 당시 명제(明帝) 사마소(司馬紹)의 사위 남군공(南郡公) 환온(桓溫)이 사마라는 관직을 맡아줄 것을 요청하자, 사안은 거절하지 못하였다.

사안은 몸이 비록 조정에서 관직에 있었지만, 동산에 은거하였던 그의 뜻은 여전히 변함이 없었다(然東山之志 始終不渝).

❼ 宜家之樂 (의가지락) 宜家之乐 마땅할 **宜** 집 **家** 갈 **之** 즐거울 **樂**

부부 사이의 화목한 즐거움.

❽ 三令五申 (삼령오신) 叁令五申 석 三 명령할 **令** 다섯 **五** 말할 **申**

세 번 호령하고 다섯 번을 거듭 말함. 곧 군대에서 되풀이하여 자세히 명령함. 완벽을 기하기 위해 몇 번이고 고치거나 바꿈.

손 무

춘추전국시대 오(吳)나라의 제24대 왕 합려(闔閭)는 손무(孫武)의 《손자병법(孫子兵法)》을 읽고 나서 아낌없는 찬사를 보냈다. 그래서 합려는 손무에게 한번 시범을 보여 달라고 요청하였다.

손무는 궁녀 180명을 모아놓고 두 편으로 나누고, 궁녀들 가운데 합려가 가장 총애하는 두 명을 각각 대장에 임명하였다. 손무는 군령을 펴고 형벌용 부월(斧鉞)을 준비한 뒤 세 번 군령을 내리고 다섯 번 거듭 말했다(三令五申). 그리고 북을 치며 구령을 내렸다.

「우로!」

그러자 부인들은 크게 웃었다. 손무가 말했다.

오왕 합려의 능묘 호구(虎丘)

「군령이 명료하지 못하고 구령이 철저하지 못한 것은 장군 된 자의 죄이다」

그는 다시 세 번 군령을 내리고 다섯 번 이를 설명했다. 그리고 북을 치면서 구령을 내렸다.

「좌로!」

그러자 부인들은 또 크게 웃었다. 손무가 말했다.

「군령이 명료하지 못하고 구령이 철저하지 못한 것은 장군 된 자의 죄이다. 그러나 군령이 이미 명료한데도 규정대로 되지 않는 것은 대장(隊長)의 죄이다」

그리고는 좌우 두 사람의 대장을 참하려고 했다. 오왕은 대(臺) 위에서 보고 있다가, 손자가 당장에 자기의 총희를 참하려 들자 놀라서 즉시 전령을 보내 뜻을 전했다.

「나는 장군이 용병에 뛰어난 사람임을 벌써 알았소. 나에게는 이 두 부인이 없으면 무엇을 먹어도 맛있을 것 같지가 않구려. 참하는 것만은 참아주시오」

그러나 손무는 단호하게 말했다.

「신은 이미 명령을 받은 장군입니다. 장군 된 자는 진중(陣中)에 있는 한 군명(君命)이라 할지라도 듣지 않는 수가 있습니다」

마침내 두 명의 대장을 베어 모두에게 본보기로 보인 다음, 임금이 그 다음으로 사랑하는 두 부인을 세워 대장을 삼았다. 그리고 또 북을 치자, 부인들은 왼쪽이건 오른쪽이건, 앞이건 뒤건, 꿇어앉는 것이건 서는 것이건 모두 규정된 법대로 하였고, 목소리 하나 들리지 않았다. 그러자 손무는 전령을 시켜 왕에게 보고했다.

「이미 군사의 훈련은 끝났습니다. 왕께서는 시험 삼아 대(臺) 아래로 내려오셔서 보시도록 하십시오. 왕께서 보내고 싶다고 생각만 하신다면 그곳이 비록 물속이건 불 속이건 따르지 않는 자가 없을 것입니다」

「삼령오신」은 중요한 일일수록 반복해서 말할 필요가 있으며, 기강이 해이해져서는 절대 안 되는 군대에 어울리는 말이다.

— 千字文나무 ❸ 끝 —

색인

고사성어가 열리는
천자문 나무 ❸
★
초판 인쇄일 / 2016년 7월 5일
초판 발행일 / 2016년 7월 10일
★
엮은이 / 팬더 컬렉션
펴낸이 / 김동구
펴낸데 / 明文堂
창립 1923. 10. 1
서울특별시 종로구 윤보선길 61(안국동)
우체국 010579-01-000682
☎ (영업) 733-3039, 734-4798
(편집) 733-4748 FAX. 734-9209
H.P. : www.myungmundang.net
e-mail : mmdbook1@hanmail.net
등록 1977. 11. 19. 제 1-148호
★
ISBN 979-11-85704-69-2 04910
ISBN 979-11-85704-48-7 04910 set
★
낙장이나 파본은 구입하신 서점에서 교환해 드립니다.
★
값 12,000원

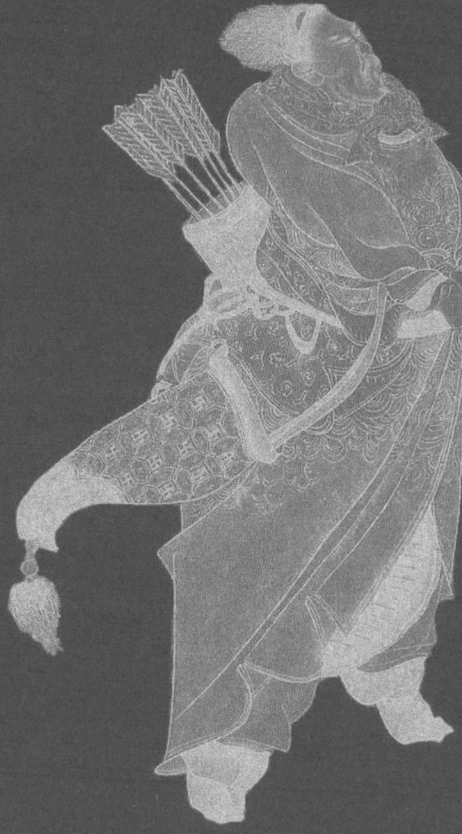